Kontaktadresse nach EU-Produktsicherheitsverordnung:
produktsicherheit@fischerverlage.de

Am 26. Dezember 2004 löste ein Seebeben vor der Küste der indonesischen Insel Sumatra eine Flutwelle aus. Der Tsunami tötete und verletzte Hunderttausende, machte unzählige heimatlos, zerstörte ganze Landstriche. Auch die wenige Kilometer vor der Westküste Thailands gelegene Insel Koh Phi Phi wurde von der verheerenden Naturkatastrophe schwer getroffen. Josef Haslinger und seine Familie verbrachten hier ihren Weihnachtsurlaub. Sie überlebten die Katastrophe. »Phi Phi Island« ist ein Augenzeugenbericht des Unglücks.

Josef Haslinger, 1955 in Zwettl / Niederösterreich geboren, lebt in Wien und Leipzig. Seit 1996 lehrt Haslinger als Professor für literarische Ästhetik am Deutschen Literaturinstitut Leipzig. 1995 erschien sein Roman »Opernball«, 2000 »Das Vaterspiel«, 2006 »Zugvögel«, 2007 »Phi Phi Island«. Zuletzt erschien im Herbst 2011 der Roman »Jáchymov«. Haslinger erhielt zahlreiche Preise, zuletzt den Rheingau Literatur Preis.

Unsere Adresse im Internet: www.fischerverlage.de

josef haslinger
phi phi island
ein bericht

fischer taschenbuch verlag

4. Auflage

© 2022 S. Fischer Verlag GmbH,
Hedderichstr. 114, 60596 Frankfurt am Main
Druck und Bindung: BoD – Books on Demand GmbH,
Norderstedt, Germany
ISBN 978-3-596-18182-7

für edith, sophie und elias.
im gedenken an die opfer der
flutwelle vom 26. dezember 2004

1

ein paar monate lang war ich ziemlich sicher, dass ich dieses buch nicht schreiben würde. schon deshalb nicht, weil ich oft danach gefragt wurde: du arbeitest doch nicht etwa an einem tsunami-buch? – nein, keine angst.

oder: mensch, du hast da was erlebt, da musst du dir keine sorgen um dein nächstes buch machen.

das waren unangenehme situationen. ich wollte darüber schreiben, aber ich wollte es auch wiederum nicht. ich konnte das, was ich erlebt hatte, nicht abwägen, ich konnte es nicht von außen anschauen. es war wie ein tief in mir sitzender knoten, der sich nicht lösen ließ.

der tsunami vom 26. dezember 2004 und seine verheerenden auswirkungen blieben einige monate lang ein medienthema. ich sah die bilder, ich las die vielen augenzeugenberichte, und ich erzählte, wenn ich gefragt wurde, wie es uns ergangen war. zwar sagte ich bei jedem interview zu mir selbst: wenn die tsunami-frage kommt, solltest du gar nicht darauf eingehen. du hast überlebt. und du hast keine angehörigen verloren. warum nicht einfach froh sein und schweigen? dann kam das gespräch auf den tsunami, und ich merkte, dass ich doch auch das bedürfnis hatte, darüber zu reden.

dabei stellte sich eine merkwürdige unschärfe ein. es waren immer details, die mir in den sinn kamen, bilder, die sich in der erinnerung festgesaugt hatten, die mir aber den blick auf diese paar tage mehr trübten als schärften. die bilder gruppierten sich um zwei momente, die mit dem tsunami nur äußerlich zu tun hatten, die auch bei ganz anderen ereignissen hätten auftreten können. um den einen moment, als ich plötzlich zu wissen meinte, das werde ich nicht überleben, und um den anderen, als es danach aussah, als hätten wir unsere beiden kinder verloren.

meine erinnerung an die flutwelle war wie eine barrikade, die mir in den weg gestellt war, obwohl ich sie eigentlich hinter mir lassen wollte. es schien keinen weg um diese barrikade herum zu geben. das vergangene lag hinter mir, aber es lag zugleich auch vor mir, es umzingelte mich.

ich hatte ein schreibjahr in aussicht und begann mir gedanken über einen neuen roman zu machen. aber ich kam nicht vom fleck. ganz gleich, welche figur ich zu entwickeln versuchte, ihr hauptzweck schien zu sein, das zu erledigen, was in wirklichkeit ich selbst zu erledigen hatte. eine weile blieb ich bei dem vorsatz, nicht direkt von mir selbst zu schreiben, sondern die geschichte literarisch zu verarbeiten. als hätte es etwas anstößiges, von jenen zufällen zu berichten, die einem das leben zu nehmen schienen, und den anderen, die es einem dann doch noch ließen.

das manöver war zu durchsichtig. anstatt mich in andere figuren hineinzuversetzen, entstand in mir der wunsch, an den ort des geschehens zurückzukehren und den ablauf der katastrophe zu rekonstruieren. und so ist aus dem romanprojekt ein bericht über einen kurzen abschnitt meines eigenen lebens geworden. bald nachdem ich angefangen hatte, daran zu arbeiten, war es mir auch wieder möglich, andere texte zu schreiben.

erzählungen, die davon handeln, wie jemand in die ferne reist, es dort mit unerwarteten vorgängen zu tun bekommt, die es ungewiss machen, ob er überleben wird, heißen abenteuergeschichten. häufig sind sie in der ich-form geschrieben. wer so wie kara ben nemsi seine eigene geschichte erzählt, versichert damit von vorneherein, dass sie letztlich gut ausgehen wird. ich habe die zufallsbekanntschaft mit einer abenteuergeschichte gemacht.

der bericht in einem satz: wir sind zu viert auf der thailändischen insel koh phi phi in einem resort abgestiegen, von dem zwei tage später nur noch ein verwaltungsgebäude, der swimmingpool und das auf acht betonsäulen ruhende dach des speisepavillons übrig waren. die einhundertzehn bungalows, von denen wir zwei gemietet hatten, waren verschwunden.

im grunde ist es die geschichte vieler tsunami-überlebender, die das glück hatten, vom schlimmsten verschont worden zu sein. auch wenn sie verletzt waren und ohne geld, papiere und reisegepäck dastanden, ist ihr schaden nicht zu vergleichen mit der situation derer, die ihre angehörigen und ihr gesamtes hab und gut verloren haben. wir waren die glücklichen überlebenden. aber dieses glück hat einen bitteren geschmack. ich habe es bislang nicht genießen können. wenn ich vom tsunami erzählte, drückten sich mir lange zeit tränen in die augen.

die erinnerung daran, eine immense katastrophe nur zufällig überlebt zu haben, folgt einer eigenen logik. man kann es sich immer wieder sagen, welches glück man hatte, es kommt darüber keine genugtuung auf. es ist vor allem eine erinnerung an den schrecken.

als dieses glück erstmals für mich fassbar wurde, klammerten edith und ich uns gerade an den fassadenvorsprung eines gebäudes, an das wir angeschwemmt worden waren, und unterschieden die menschen, die sich bewegten, von denen, die sich nicht mehr bewegten. die sich, so wie wir, bewegen konnten, hielten nach angehörigen und freunden ausschau. sie nahmen die herumliegenden und die aus dem müll herausragenden toten körper wahr. sie begannen zu schreien oder zu weinen, oder sie starrten regungslos vor sich hin.

ein dreivierteljahr später bekam ich eine nachricht von magdalena, einer jungen frau, die mit ihrem freund am tag des tsunamis zufällig im selben hotel wie wir, im *phi phi princess*, gewohnt hatte. sie schrieb, ihr freund und sie hätten uns beim frühstück gesehen. ihr sei ein großer stein vom herzen gefallen, als sie aus den medien erfahren habe, dass die haslingers noch lebten. sie habe das bedürfnis, mit jenen menschen kontakt aufzunehmen, an die sie so viel gedacht habe, ohne sie eigentlich zu kennen.

wir trafen uns zum weihnachtsmarkt in der stadt steyr. ihr freund wollte nicht mitkommen. von anfang an, so sagte magdalena, habe er mit niemandem über das, was er erlebt hat, reden wollen, auch nicht mit ihr. er sei der festen überzeugung, die tage zwischen dem 26. dezember 2004 und dem ersten jänner 2005, dem tag, an dem sie nach österreich zurückkehrten, einfach vergessen zu können.

bei ihr, so erzählte sie, während wir glühwein tranken, sei es anders gewesen. sie habe in den ersten monaten, als der tsunami in aller munde war, selbst nicht darüber sprechen können. erst später sei das bedürfnis erwacht, davon zu erzählen, aber da interessierte es niemanden mehr. sie gehe allen mit ihrem tsunami nur noch auf die nerven.

ich sagte, wir werden einen tsunami-überlebenden-verband gründen und einander alle jahre bei der hauptversammlung die rührendsten tsunami-geschichten erzählen. wir werden tsunami-videos austauschen und die schärfsten opferbilder auf eine website stellen.

die ironie war trotz des glühweins nur mühsam aufrechtzuerhalten. wir mussten uns nicht erzählen, wie diese fremde welt, in die wir geraten waren, aussah. wir sprachen darüber, was wir taten, als das wasser kam, und wie wir uns verhielten, als es unversehens gefährlich wurde. wir redeten von den stunden danach.

magdalena hatte sich das sprunggelenk gebrochen. ihr freund nahm sie auf den rücken und trug sie durch die trümmerlandschaft. sie stießen auf einen mann, der unter der schulter ein weit auseinanderklaffendes loch hatte, durch das man in den brustraum hineinschauen konnte. das ist eines der ganz wenigen bilder, die ihr vom ort des geschehens in erinnerung geblieben sind. später, als sie einen bergweg hinaufgetragen wurde, waren sie schon eine gruppe von etwa zehn personen, darunter ein franzose, dem am rechten fuß die zehen fehlten. entlang des weges standen bungalows. einer schien unbewohnt zu sein. sie brachen ihn auf und quartierten sich ein. doch der bungalow stand nicht leer. es fanden sich darin die habseligkeiten anderer urlauber, die nicht mehr zurückkamen. am nächsten tag wurde magdalena von ihrem freund erneut durch die müllhalden getragen, bis zum tennisplatz vor dem *ca-*

bana-hotel, wo ein hubschrauber gelandet war. an bord dieses hubschraubers war ein reporter von *epa*, der *european pressphoto agency*. er fotografierte einen mann, der sich mit einer frau auf dem rücken einen weg durch eine landschaft aus müllbergen bahnt. dieses foto erschien einen tag später in einer österreichischen tageszeitung. magdalenas eltern wussten, dass ihre tochter lebt, noch bevor sie kontakt mit ihnen aufnehmen konnte.

unsere verwandten durchwachten die nacht vor deutschen fernsehsendern – dem österreichischen fernsehen schien das ausmaß der katastrophe noch nicht bewusst zu sein – und schrieben verzweifelt sms und e-mails, die nicht beantwortet wurden. es gab einen moment der beruhigung, als an der hotline des österreichischen außenministeriums, wo junge präsenzdiener aushalfen, zu erfahren war, koh phi phi sei nicht von der flutwelle betroffen. die stimmung schlug ins schiere gegenteil um, als einer meiner brüder, der selbst schon öfter in thailand gewesen war, im internet die lage unseres hotels recherchierte und dabei auf die information stieß, dass es völlig zerstört worden sei. bevor wir eine möglichkeit fanden, anzurufen, war das ausmaß der hoffnungslosigkeit unter unseren verwandten so groß geworden, dass sie ernsthaft darüber redeten, wo unsere leichen zu bestatten wären, sollten sie jemals überführt werden. bis dann der anruf kam, der bei so vielen anderen ausblieb.

wir konnten die insel nicht verlassen, wir wollten aber auch nicht mit den toten zusammenleben. und so verbrachten viele, die sich bewegen konnten, ihre zeit damit, tote und lebende zu trennen und getrennt zu halten. als das große gericht zu ende war, fand sich die hälfte der gäste des *phi phi princess* auf der seite der lebenden. der rest gehörte zu denen, deren körper zur seite geschafft und zugedeckt wurden. wir überlebenden von koh phi phi waren eine zufällige auslese. in unserem hotel standen die chancen fünfzig zu fünfzig. doch das große gericht hatte keinen gerechtigkeitssinn. wir waren zu viert gekommen und sind zu viert wieder abgereist.

2

etwa vierzig kilometer von krabi und phuket entfernt liegen koh phi phi don und koh phi phi leh, zwei kleine inseln, die im internationalen sprachgebrauch phi phi islands genannt werden. es gibt noch vier weitere phi-phi-inseln, die es zu keiner internationalen bekanntheit gebracht haben, die aber von tauchern durchaus geschätzt werden. bewohnt ist nur phi phi don. die nachbarinsel phi phi leh, auf der der aussteigerfilm mit leonardo dicaprio, *the beach*, gedreht wurde, kann von phi phi don in zwanzig minuten mit ausflugsbooten erreicht werden. diese beiden inseln mit ihren schroffen kalksteinklippen, weißen sandstränden und kristallklaren lagunen sind zum thailändischen *getaway* für reiselustige jugendliche aus aller welt geworden.

die touristische infrastruktur mit resorts, reiseagenturen, tauchschulen und allem, was jugendlichen urlaubern verkauft werden kann, ist auf koh phi phi don konzentriert, und dort wiederum auf den umkreis der engsten stelle der insel, an der sich zwei gegenüberliegende sandstrände so nahe kommen, dass sie fast ineinander übergehen. links und rechts von dieser landbrücke beginnt der dschungel, und darüber ragen steile felsen auf.

auf der südlichen der beiden buchten, der ton-sai-bucht, wurde eine betonmole gebaut, damit auch größere last- und ausflugsschiffe anlegen konnten. die nördliche lohdalum-bucht war vor allem ein großer badestrand mit hotel-bungalows, bars und restaurants. genau in der mitte dieser doppelbucht, an der niedrigsten und engsten stelle der insel, dort, wo sich die beiden strände am nächsten waren, lag das exquisiteste der resorts, das *phi phi princess*. hier und im benachbarten *cabana*-hotel waren die jugendlichen durchmischt mit älteren herrschaften, die das bedürfnis hatten, zumindest noch zaungäste der jugendkultur zu sein.

phi phi island war vor dem tsunami der angesagteste platz thailands am andamanischen meer. von dezember bis märz war jeder bungalow und jedes hotelzimmer mit meist jugendlichen touristen gefüllt. diese nur knapp über dem meeresniveau liegende landenge war vollgestopft mit hotels, restaurants, souvenirgeschäften, bars, tauchschulen, garküchen, internetcafés, kletterschulen, banken und massagesalons. mit den massen strömte auch das geld nach phi phi island und wurde dort unter tausende von menschen im dienstleistungssektor verteilt, die meisten von ihnen thailänder. aber es gab auch viele kellner, barkeeper und tauchlehrer, die aus den kalten ländern stammten und auf phi phi island ein neues, oder oft auch ihr erstes richtiges, leben begonnen hatten. die einen waren freaks, die in den verschiedensten formen von abendunterhaltung ihr auskommen fanden, andere waren naturanbeter, die der reiz der insel nicht mehr losgelassen hatte, wieder andere waren in dem prosperierenden zweig der tauchunternehmen tätig, der auf phi phi island im großen und ganzen noch in der hand sportbegeisterter kleinunternehmer war. in der nacht trafen sie sich in den benachbarten bars und tanzclubs, in der *hippies bar*, bei *carlito's* oder in der *reggae bar*, um den turnieren der feuerkünstler zuzusehen, im fernsehen fußball zu schauen, zu tanzen und whisky mit cola zu trinken. aus welchen teilen der welt die menschen hier auch zusammenströmten, sie benahmen sich, als wären sie eine familie. phi phi island war eine partymetropole, ein rausch von jugendlichkeit.

naturschützer haben seit jahren diesen schmalen landstreifen von koh phi phi don als beispiel der zerstörung einer intakten ökologie gebrandmarkt. die insel drohte ihren wasservorrat aufzubrauchen. die thailändische regierung stellte die phi-phi-inseln 1983 unter naturschutz. für phi phi leh kam das gesetz gerade rechtzeitig. so blieb sie bis heute unbewohnt, wenngleich sie wegen der traumhaften lagune und der weit verzweigten höhlen zu einem begehrten ausflugsziel geworden ist. die höhlen, ein labyrinth aus hunderten von gängen und bis zu achtzig meter hohen räumen, sind mit einer dicken guano-schicht bedeckt. die bewohner sind fledermäuse und seglerschwalben. jahr für jahr versteigert die thailändische regierung die erntekonzession für die schwalbennester. die konzessionäre wiederum stellen teams zusammen, oft sind es ganze familien, die in waghalsigen höhen auf gerüsten aus bambusstangen und lianen die vogelnester von den stalaktiten holen. die nester werden eingeweicht, ausgewaschen und als besondere delikatesse nach china verkauft. die speichelfäden, mit denen die vögel den dung zusammenkleben, werden in hühnerbrühe oder kokosmilch gekocht. sie gelten als besonders heilkräftig und stärken angeblich das immunsystem. für ein kilogramm dieser fäden werden in hongkong zweitausend us-dollars bezahlt.

auf der nordseite der insel gibt es die sogenannte wikingerhöhle mit alten felsmalereien, deren herkunft der wissenschaft bis heute rätsel aufgibt. detailreich und deutlich sind elefanten, segelboote und dschunken abgebildet, aber es ist unwahrscheinlich, dass diese gemälde, wie die überlieferung behauptet, tatsächlich von weißen männern aus dem norden stammen.

den touristen ist nunmehr das betreten der höhlen untersagt. dafür tummeln sich in der maya-bucht so viele ausflugsboote und schnorchler, dass die filmkulisse von *the beach* mittlerweile auch in natura wie eine kulisse wirkt. mit der paradiesischen idylle war es vorbei, sobald die hauptdarsteller des films abreisten und stattdessen das publikum sich breitzumachen begann. trotz der vielen besucher strahlt die insel mit ihren roten felsen, den tief eingeschnittenen buchten, den korallenriffen und feinsten weißen sandstränden einen besonderen zauber aus. für phi phi leh kam der gesetzliche schutz gerade rechtzeitig. doch für phi phi don kam er zu spät.

die insel war längst zu einem touristenhype geworden. die regierung verfügte einen baustopp und plante, einen teil des landes von den hotelbesitzern zurückzukaufen, um zumindest an einer stelle einen ›natürlichen‹ korridor zwischen den beiden buchten aufrechtzuerhalten. doch die expandierende partygesellschaft von phi phi island wollte sich von der regierung am festland nicht dreinreden lassen. auf phi phi don brauchte niemand eine regierung. hier entwickelte sich das leben aus der eigenen dynamik heraus. der baustopp wurde einfach nicht beachtet. die baracken entlang des nutzwasserreservoirs waren gefüllt mit bauarbeitern aus dem norden thailands. alle zeichen standen weiter auf geschäftsexpansion.

beachtet hingegen wurden die strengen naturschutzauflagen. sie fanden sogar große zustimmung. die riffe vor phi phi island gehörten zu den schönsten der welt. die korallengärten reichten bis zu fünfundzwanzig meter in die tiefe und boten lebensraum für an die tausend arten von tieren, darunter auch leopardenhaie, rochen und thunfische. die tauchlehrer von phi phi island machten den schutz dieser farbenprächtigen unterwasserwelt zu ihrer ehrensache. und sie waren erfolgreich damit. die zerstörung der riffe durch die anker achtloser freizeitsegler war zu ende. aber dann hat die natur sie zerstört.

seit dem tsunami am 26. dezember 2004 ist ein heer von tauchern aus aller welt damit beschäftigt, die korallenriffe von den trümmern freizuräumen, die die zweite welle dort abgeladen hat. mehr als dreihundert tonnen schutt, von kleinen metallteilen bis zu ganzen hausdächern, wurden stück für stück mit bloßer hand oder mit *lifting bags* aus dem meer geholt. die taucher stießen dabei immer wieder auch auf menschliche überreste.

koordiniert werden die freiwilligen tauchteams von andrew hewett und seinem *phi phi recovery dive camp*, das sich der mühevollen aufgabe widmet, abgebrochene korallen, deren polypen noch leben, einzusammeln und unter wasser in gitterflächen einzupflanzen. auf diese weise wird ein künstliches riff aufgebaut, das irgendwann mit dem natürlichen zusammenwachsen soll.

ein jahr nach dem tsunami fotografierte ich ein schild, das neben dem *cabana*-hotel an einer mangrove angebracht war. *return to paradise*, stand darauf. davor waren, in reih und glied, gut vierzig leere liegestühle aufgestellt. das *cabana*-hotel war noch nicht wieder eröffnet. mittlerweile werden auf den liegestühlen wohl badetücher, illustrierte und sonnenschutzmittel liegen. das hotel, dessen erdgeschoss zur gänze verwüstet worden war, hat sein paradiesisches leben wieder aufgenommen.

3

eigentlich wollten wir wieder nach jamaika fahren, wo wir schon zweimal gewesen waren. es war anfang august, als edith und ich uns vornahmen, einen weihnachtsurlaub im süden zu planen. unsere kinder, sophie und elias, würden dann in der maturaklasse sein. wer weiß, dachten wir, vielleicht ist es die letzte gelegenheit für einen gemeinsamen urlaub, weil sie im jahr darauf gar nicht mehr zu hause wohnen, oder es ist ihnen dann die lust auf familienurlaube vergangen, und sie wollen lieber mit ihren freunden wegfahren. der weihnachtsurlaub sollte für unsere kinder eine art vorgezogenes maturageschenk sein, jedenfalls eine angenehme erholungspause auf dem weg zur matura. ich war schon drauf und dran, wieder ein resort auf jamaika zu buchen, da waren wir zum abendessen im haus von sophies freundin dominika eingeladen, und unsere pläne änderten sich.

dominika war mit ihrer schwester und ihren eltern im februar für zwei wochen in thailand gewesen, und zwar auf phi phi island. die erste woche, so erzählte dominikas mutter, hätten sie in einem teuren hotel verbracht, die zweite woche in einer hütte an einem einsamen strand. sie schwärmte von beiden wochen. zuerst eine woche luxus, dann eine woche leben in der natur. von österreich aus hätten sie nur die erste woche gebucht. auf phi phi island seien sie dann einfach mit dem boot die küste entlang gefahren bis zu dieser einsamen bucht, und es sei zufällig auch eine hütte frei gewesen. der hippie, dem die hütten gehörten, habe sie jeden tag mit einem herrlichen frühstück verwöhnt, tagsüber sei er herumgelegen und habe mit seiner dreijährigen tochter gespielt, am abend habe er ein feuer angezündet, fische gegrillt und sein zeug geraucht. die erste woche sei schön, aber die zweite sei richtig entspannend gewesen. dominikas mutter hatte noch ein feuerzeug, auf dem die adresse dieses hippie-resorts, wie sie es nannte, aufgedruckt war. dieses feuerzeug gab sie mir.

wenn wir nach koh phi phi wollten, sagte am nächsten tag die frau, bei der ich schon viele reisen gebucht hatte, müssten wir uns mit der reservierung beeilen. weihnachten sei hauptreisezeit, und auf phi phi island könne es da mit der unterkunft schnell knapp werden. zwar nahm ich auch noch einen prospekt über jamaika mit nach hause. aber als sich herausstellte, dass die reise nach thailand wesentlich billiger war als die nach jamaika, war die sache eigentlich entschieden. wir buchten das *phi phi princess*, das beste bungalow-resort, das in diesem prospekt angeboten wurde. ich wollte gleich beide wochen buchen, elias sah das anders. er wolle nicht beide wochen im luxushotel verbringen. er wolle in der zweiten woche, so wie dominika, in einer einfachen hütte, möglichst ebenfalls in einem hippie-resort, wohnen. wir ließen uns überreden und buchten nur eine woche im *phi phi princess*.

in den folgenden monaten schrieb ich mehrere e-mails an die adresse, die auf dem feuerzeug angegeben war, ohne je antwort zu bekommen. inzwischen begann ich das feuerzeug auch für seinen eigentlichen zweck zu verwenden. als ich nach zwei monaten vom hippie-resort noch immer keine antwort hatte, beschloss ich, einen brief zu schicken. doch das ging nicht mehr. durch die benutzung hatte ich vom feuerzeug die adresse abgeschabt. und auch dominikas mutter hatte sie nirgendwo aufgeschrieben. sie sagte, das resort sei leicht zu finden. sie seien einfach mit dem boot nach links die bucht hinausgefahren. zuerst sei da ein langer strand, *long beach*, dann fahre man um die ecke, und da komme dann bald diese kleine beschauliche bucht. sie sei nur mit dem boot erreichbar. sie denke, dass wir auf solchen entlegenen plätzen auch zu weihnachten eine unterkunft finden würden. auch meine brüder stefan und andreas sagten, wir sollten uns wegen der unterkunft keine unnötigen gedanken machen. das sei dort alles ganz einfach. freilich waren meine brüder als rucksacktouristen unterwegs gewesen, und ich hatte das rucksackreisen schon lange aufgegeben.

4

am 23. dezember holten wir sophie vom *wiedner gymnasium* ab und anschließend elias vom *borg 3*, einem oberstufenrealgymnasium im bezirk landstraße, um gleich weiter zum flughafen zu fahren. auf dem weg dorthin kippte die stimmung. edith fragte elias, welche note er auf die mathematikarbeit bekommen habe, und elias musste zugeben, dass es ein *nicht genügend* war. er hatte uns hoch und heilig versprochen gehabt, dieses mal gründlich zu lernen. seit monaten war einmal die woche eine nachhilfelehrerin gekommen.

edith sagte, dass er nun in thailand jeden tag mathe üben müsse. elias verwahrte sich dagegen. edith sagte, du verpatzt uns die weihnachtsferien, und elias sagte, die schule sei ihm egal. und so ging das immer weiter, bis elias, als wir schon am abfluggate saßen, plötzlich verschwunden war. sophie ging ihn suchen und brachte ihn nach einer weile zurück. er war nur auf der toilette gewesen. wir beschlossen, das thema schule für die nächsten zwei wochen tabu zu erklären. das mathematikheft reiste allerdings nach thailand mit.

früh am morgen des 24. dezember landeten wir in bangkok. wir mussten mit dem bus zu einem anderen terminal fahren. es dauerte eine weile, bis wir herausgefunden hatten, wo dieser bus abfuhr. auf dem weg dorthin trafen wir eine familie, die etwas verloren wirkte und mit unverkennbarem wiener akzent darüber klagte, dass hier keine auskunft zu kriegen sei. auch sie wollte nach phuket weiterfliegen.

vor dem inlandsterminal standen in der warmen, nach benzin stinkenden morgenluft die übermüdeten raucher. es waren vor allem österreichische und deutsche jugendliche. einige von ihnen gönnten sich ein erstes thailändisches bier. oder vielleicht war es auch nur die fortsetzung einer beschäftigung, der sie schon im flugzeug nachgegangen waren.

auf dem flughafen von phuket warteten wir lange auf unsere koffer. wir nahmen es mit humor, schließlich war es nicht das erste mal, dass wir vergeblich auf unsere koffer warteten. das hieß, zu einem speziellen schalter zu gehen und dort das aussehen der koffer anhand von musterbildern zu identifizieren. es hieß leider auch, sich zu erinnern, was in welchem koffer verpackt war, was im detail nicht gelingen würde, aber einigermaßen würden wir die liste schon zusammenkriegen. auch die familie aus wien, der wir in bangkok den weg zum inlandsterminal gezeigt hatten, stand unter denen, die zusahen, wie ein koffer und zwei taschen immer wieder auf dem band vorbeikamen, ohne dass jemand sich ihrer angenommen hätte. wahrscheinlich gehören die dorthin, sagte der wiener, wo gerade unser gepäck sinnlos im kreis fährt.

als es schon aussichtslos war, dass unser gepäck noch kommen würde, wandten wir uns an einen flughafenangestellten. er schickte uns in eine andere halle, und dort stand unser gepäck an der wand entlang aufgereiht. es war am falschen band abgeladen worden.

auf dem parkplatz wartete ein kleinbus mit einem fahrer und einer reiseführerin auf uns. wir waren die einzigen passagiere. unterwegs unterhielten wir uns mit der reiseführerin. sie sagte, die weißen schauen alle gleich aus. sie tue sich schwer, sie auseinanderzuhalten.

bis zur abfahrt des schiffes nach koh phi phi dauerte es noch vier stunden. der bus brachte uns zu einem reisebüro, vor dem es eine terrasse mit tisch und stühlen gab. dort ließen wir uns nieder, direkt an einer verkehrsreichen straße. es fuhren vor allem mopeds vorbei, auf denen bis zu vier personen saßen. manche hatten einen beiwagen mit sitzbänken, auf denen weitere vier personen platz fanden.

die toilette lag in einem abstellraum hinter dem reisebüro. um dorthin zu gelangen, musste man im reisebüro zunächst die schuhe auszuziehen. der abstellraum war aber so dreckig, dass es geboten war, die schuhe mitzunehmen und dort wieder anzuziehen. das warten war uns zu mühsam, und so beschlossen wir, einen spaziergang zu machen.

kaum hatten wir uns erhoben, blieb ein kleines taxi mit offener plattform neben uns stehen. es war im grunde ein umgebauter lieferwagen mit abgesägtem dach. wir dankten höflich, doch der fahrer blieb hartnäckig. er fuhr im schritttempo neben uns her und fragte uns alle augenblicke, was unser ziel sei. dass wir nur herumgehen wollten, war ihm als antwort nicht ausreichend. und so fragte ich ihn schließlich, ob es hier in der nähe einen markt gebe. damit hatte er uns. er gewährte uns alle paar minuten einen weiteren preisnachlass, bis wir schließlich einstiegen, weil der fahrpreis schon lächerlich gering war.

er brachte uns zu einem markt in der nähe, der, wie sich schnell herausstellte, mit seinen schmuck-, souvenir- und textilgeschäften vor allem auf touristen ausgerichtet war. der einheimische markt lag dahinter. auf dem weg dorthin stand plötzlich erneut der taxifahrer neben uns und fragte, was wir nun zu tun gedächten. etwas trinken, sagten wir, und der taxifahrer bot an, uns in ein restaurant zu bringen. wir lehnten ab, was ihn nicht daran hinderte, weiter neben uns herzufahren. wir kamen zu einem restaurant mit einer terrasse. als wir drauf und dran waren, uns dort hinzusetzen, sprang der taxifaher aus seinem wagen und sagte, wir sollten hier nicht hineingehen, das sei ein muslimisches restaurant, hier gebe es keinen alkohol. er werde uns zu einem besseren restaurant bringen. wir baten ihn, uns nun endlich in ruhe zu lassen. er stieg in sein auto. wir blieben stehen und deuteten, er möge weiterfahren, bis er schließlich auch fuhr. wir gingen dann doch nicht in das muslimische restaurant, weil dort nur männer waren. stattdessen setzten wir uns am einheimischen markt in eine der offenen garküchen, einem verschlag aus holz und wellblech, in dem die familie, der sie gehörte, auch wohnte. wir kauften dosengetränke.

ich suchte mir auf meinem plan den rückweg heraus. es war eine sandstraße, in der eine gärtnerei auf die andere folgte. die im eingangsbereich stehenden gewächse trugen eine dicke staubschicht auf den blättern. außer uns waren in der mittagshitze nur noch ein paar mopedfahrer und streunende hunde unterwegs. das t-shirt klebte an meinem körper, und ich begann mich nach dem taxifahrer zu sehnen. als wir die asphaltierte straße erreichten, die zu unserem reisebüro führte, kamen wir an einem größeren elektrogeschäft vorbei, dessen tür die aufschrift *airconditioned* trug. wir taten dann eine viertelstunde lang so, als würden wir uns für kühlschränke, toaster und fernsehgeräte interessieren.

auf der terrasse des reisebüros hatten mittlerweile ein etwa sechzigjähriger mann mit schütterem haar und eine schlanke frau, die vielleicht seine tochter war, platz genommen. sie sprachen französisch. wenn sie nicht miteinander redeten, las die frau in einem buch, und der mann blätterte im thailand-führer von *michelin*. er trug eine goldkette um den hals und hatte eine *rolex* am arm. die frau wirkte sehr selbstbewusst. sie trug einen langen rock und einen auffällig großen sonnenhut. dann ging der mann fort. während ich mit elias steckschach spielte, kam edith mit der frau ins gespräch. sie hieß emine und stammte aus der französischen schweiz. sie legte das buch zur seite, es war ein buch über diäten. der mann kam zurück, und die frage, ob tochter oder freundin, klärte sich von selbst. er hatte eine schale mit ananasstücken mitgebracht und gab emine einen kuss. später ging er noch einmal fort, um getränke und ein nudelgericht zu holen.

wir kamen auch mit ihm ins gespräch. er hieß claude. die beiden waren, so wie wir, auf dem weg nach koh phi phi. es stellte sich heraus, dass sie zufällig auch im *princess* wohnten. sie hatten viel gepäck, darunter zwei große koffer. das beruhigte uns. vor der abreise hatten wir noch überlegt, ob wir nicht ausnahmsweise einmal rucksäcke nehmen sollten, weil die vier koffer bei der schiffsfahrt unhandlich sein könnten. aber dann kam bei jedem von uns so viel gepäck zusammen, dass an rucksäcke nicht mehr zu denken war.

vom reisebüro wurden wir mit einem kleinbus zum hafen gebracht. die straße führte an einer endlosen reihe von wellblechhütten vorbei, hinter denen ein mit primitiven holzstegen überbauter abwasserkanal lag, den man selbst im bus noch riechen konnte. am hafen herrschte hochbetrieb. der andrang von schiffen war so groß, dass an jeder anlegestelle vier bis fünf von ihnen nebeneinander vertäut wurden. um zu unserem fährschiff zu gelangen, mussten wir zuerst drei andere schiffe überqueren. emine und claude nahmen auf dem obersten deck platz, wir gingen hinunter in den klimatisierten passagierraum. von dort führte rechts und links je eine tür zum bugdeck hinaus. dieses deck war vor allem mit jungen menschen bevölkert, die neben ihren rucksäcken saßen oder in der sonne lagen.

kaum hatte das schiff abgelegt, schliefen in den bequemen stühlen des passagierraums die ersten menschen ein, auch elias und sophie. ich ging mit der filmkamera aufs deck hinaus und filmte den ans fenster gelehnten kopf von elias mit den darübergestülpten hörern seines mp3-players. er war es gewohnt, mit musik im ohr einzuschlafen. und am tiefsten schlief er zur schaukelbewegung von schiffen. als er noch ein kleinkind war, hatte er einmal im motorraum eines schiffes geschlafen. das laute hämmern des dieselaggregats hatte ihn nicht gestört.

am horizont begannen sich die ersten inseln abzuzeichnen, wir gingen aufs deck hinaus. edith und sophie setzten sich an den bug und ließen die füße hinabbaumeln. später kam auch elias nach. ich filmte sie, und dann mit einem schwenk auch die anderen passagiere. ich ging noch einmal hinein und filmte auch dort die passagiere. einen korpulenten mann mit brauner haut, der in seinem stuhl eingeschlafen war, zoomte ich heran und hielt sein gesicht ein paar sekunden lang im close-up fest. ich weiß nicht, was mich bewog, dieses bewegungslos schlafende gesicht so ausführlich zu filmen. er reiste offenbar allein, denn die plätze neben ihm waren frei geblieben.

das schiff kam schnell voran. wenn der bug gegen eine welle klatschte, spritzte es herauf. das war in der hitze eine angenehme abkühlung. ich musste nur darauf achten, dass die kamera nicht nass wurde. neben mir an der reling stand ein junges paar um die zwanzig, das mit englischem tonfall über ein anderes paar sprach, das dann doch nicht mitgekommen sei. die frau hatte lange, seltsam verknotete haare. ich filmte sie möglichst unauffällig mit einem schwenk zu den beiden inseln, die nun schon deutlich zu sehen waren. je näher wir diesen inseln kamen, desto lebhafter wurde die stimmung an bord. die jugendlichen zogen ihre digitalkameras aus den rucksäcken, sie standen auf und fotografierten. die beiden inseln, phi phi don und phi phi leh, ragten steil aus dem meer heraus. phi phi leh, die unbewohnte insel, wirkte aus der ferne wie eine gigantische felsenkrone. die schroffen zacken waren an ihrer spitze von einem samtenen grün überzogen.

als die von möwen umschwirrten felsen von phi phi leh hinter uns lagen und vor uns die fast halbkreisförmige tonsai-bucht von phi phi don, verlangsamte das schiff die fahrt. es fuhr auf ein anderes, kleineres schiff zu, das an unserer steuerbordseite vertäut wurde. einige passagiere stiegen um. unter ihnen eine frau mit vielen plastiktaschen, aus denen in geschenkpapier eingeschlagene päckchen herausschauten. das boot fuhr zu einer weiter draußen liegenden insel, zu der es keine direkte schiffsverbindung gab.

in der ton-sai-bucht herrschte reges leben. auf dem wasser wimmelte es von kleinen booten. die meisten waren sogenannte longtailboote, die als taxis fungierten. mit ihren nach oben geschwungenen kielen sahen sie ein wenig aus wie venetianische gondeln.

im heck haben diese boote einen schwenkbaren motor, von dem eine auffällig lange stange wegführt, an deren ende die schiffsschraube befestigt ist. diese spezielle bauweise erlaubt es den longtailbooten direkt auf den sandstrand aufzufahren. unter dem kiel sind zwei schaufelförmige bretter angebracht, die verhindern, dass die boote außerhalb des wassers zur seite kippen.

am betonsteg der ton-sai-bucht fand sich kein platz mehr für unser schiff. wir fuhren an einem lastkahn mit großen topfpflanzen, die von einer sprinkleranlage beregnet wurden, vorbei und legten in der zweiten reihe neben einem anderen fährschiff an. der strand war gesäumt von einer endlos wirkenden schlange nebeneinanderliegender longtailboote. die sitze waren mit meist blauen planen überspannt, an den kielen hingen bunte blumengirlanden.

auf der mole wurden wir von zahlreichen menschen erwartet. die einen trugen uniformen und riefen die namen der hotels, denen sie zugehörten, andere waren mit handkarren für das gepäck gekommen. eine frau in blauem kostüm hielt ein schild mit dem namen *phi phi princess* hoch. von den neuankömmlingen wohnten im *princess* außer uns vieren noch emine und claude sowie eine andere familie, die wir nicht kennenlernten. die hotel-frau ging voraus, und ein mann schob die karre mit unserem gepäck hinterher. quer über dem weg war ein schild angebracht, auf dem *welcome to phi phi island* stand.

wir gingen eine enge, geschäftige gasse entlang, in der sich eine verkaufsbude an die andere reihte, und ehe wir uns versahen, waren wir auch schon da. der empfangsbereich des hotels grenzte direkt an die marktbuden. die zahlreichen rezeptionistinnen trugen enganliegende lange röcke von einer leicht ins rosa gehenden farbe und dazu passende blusen mit einem filigranen blütenmotiv. in der mitte der nach mehreren seiten hin offenen rezeptionshalle gab es einen viereckigen brunnen, der einen stufenförmigen aufbau hatte. ganz oben stand eine große vase, über die das wasser herabrann. der boden war mit hellen fliesen ausgelegt, die möbel waren, so wie die gesamte halle mit ihren schlanken säulen, aus dunklem holz gefertigt.

zur begrüßung wurden uns mangodrinks serviert. die junge, attraktive rezeptionistin, die uns die bungalows zuwies, empfahl uns, für das weihnachtsdinner einen tisch zu reservieren. wir erhielten dafür auch getränkebons. um fünf uhr, so teilte sie uns noch mit, sei im poolbereich ein sektempfang, den wir auf keinen fall versäumen sollten. bis dahin hatten wir noch etwa eineinhalb stunden zeit.

zwei tage später war der rezeptionsbereich des *princess* eine mit leichen durchsetzte müllhalde. nach der katastrophe wurde auf der hotel-website eine liste der im tsunami umgekommenen angestellten veröffentlicht. mit fotos. auch das unserer attraktiven rezeptionistin war dabei. im *princess* sind vierzig angestellte gestorben, darunter auch paare. sie hinterließen vierundzwanzig vollwaisen. die liste der toten mitarbeiter wurde später von der website genommen, und es blieb nur noch die liste der hotelgäste vom 26. dezember im netz.

5

die hotelanlage des *phi phi princess* war auf den ersten blick ein mit hohen palmen und anderen tropischen pflanzen bewachsener irrgarten, in dem wir uns nicht gleich zurechtfanden. auf den luftaufnahmen des resorts waren keine häuser zu sehen, nur ein palmenwald. es gab vier restaurants und mehrere arten von bungalows. die einfache kategorie glich reihenhäusern. in der mittleren kategorie gehörte zu jedem bungalow ein eigener vorgarten, in dem die pflanzen so üppig wucherten, dass die terrasse von den wegen davor nicht einsehbar war. wir hatten zwei nebeneinander liegende bungalows dieser kategorie gemietet. darüber hinaus gab es noch die luxusbungalows, die direkt an der lohdalum-bucht lagen, darunter die besonders großzügig ausgestattete *princess royal suite*.

auf unserer terrasse standen zwei bunte stühle. sie waren dem rot-blauen stuhl von gerrit thomas rietveld nachempfunden. ich hatte diesen stuhl vor langer zeit, noch als schüler, im damals neu eröffneten wiener *museum des zwanzigsten jahrhunderts* gesehen. mich faszinierte die einfache bauweise, die jeden, der nur ein wenig ahnung vom tischlern hatte, dazu einlud, das möbel zu kopieren. der stuhl bestand aus nichts anderem als aus zehn latten, sowie zwei schmalen und zwei breiten brettern. die schmalen bretter fungierten als armlehnen, die breiten bretter als sitz- und rückenfläche, die latten waren der stützapparat des ganzen. bei der kopie auf unserer terrasse, so kam es mir vor, war das rückenbrett schräger gestellt als beim original, sodass sie mehr einem liegestuhl als einem fauteuil glich. später bemerkte ich, dass jede terrasse andere stühle hatte, allesamt nachbildungen von möbeln der klassischen moderne.

vor den terrassenaufgängen waren zum reinigen der füße wasserbehälter in den boden eingelassen.

unsere beiden bungalows standen schräg zueinander. wenn sich unsere kinder auf der terrasse aufhielten, konnten wir sie sehen, was ihnen zunächst vielleicht nicht als vorteil erschienen sein mag, was aber eineinhalb tage später zu einem teilchen in jenem glückspuzzle wurde, das uns überleben ließ.

wir taten das, was alle tun, die in einem hotel einchecken. wir schauten uns um, stellten die klimaanlage ab, die das wohnzimmer auf kühlschranktemperatur gebracht hatte, wir öffneten die vorhänge und glasschiebetüren. wir hatten zwar keinen blick aufs meer, aber vor uns lag diese üppig umwucherte terrasse. niemand konnte uns ins zimmer schauen, ich würde hier in ruhe arbeiten können. hinter dem wohnraum lag ein erstaunlich großes bad, dessen eine hälfte, der duschbereich, von der anderen durch einen langen vorhang abgetrennt werden konnte.

während wir uns umsahen und die ersten dinge einzuräumen begannen, entdeckte elias im nebenbungalow den in einen schrank eingelassenen safe. er legte seine geldbörse hinein und drückte ihn zu, ohne vorher eine eigene nummernkombination einzugeben. von da an war er ohne eigenes geld.

unser erster weg führte uns an den strand. die lohdalum-bucht lag etwa hundert meter hinter unseren bungalows. es gab keinen direkten weg dorthin, sondern nur gewundene pfade, die sich, mit blühenden sträuchern gesäumt, durch die anlage schlängelten. es war ebbe. vor uns lag ein breiter, äußerst flacher strand aus feinem weißen sand. das meer war weit zurückgewichen, manche boote lagen auf dem trockenen.

um schwimmen zu können, mussten wir hinauswaten. das türkise wasser schien kaum tiefer zu werden. so schön der üppig mit palmen bewachsene strand auch war, zum baden schien er uns nicht gerade ideal zu sein. da wir alle vier gern schwimmen, würden wir die gezeiten beobachten und zum baden auf die flut warten müssen. als wir weit genug draußen waren, tollten wir im wasser herum, wie wir es mit unseren kindern immer schon getan haben. wasserspiele hatten in unserer familie geradezu etwas ritualhaftes. wir würden uns sicher in den kommenden tagen die tauchangebote genauer anschauen. im bungalow stand eine tasche mit unseren flossen, schnorcheln und tauchermasken. zwei jahre zuvor hatten wir während eines jamaika-urlaubs den padi-kurs für flaschentauchen absolviert.

wir sprachen darüber, was wir in den kommenden zwei wochen nicht alles tun wollten, und ich versuchte meine schreib- und lesestunden im bungalow, in denen ich erfahrungsgemäß oft weder schrieb noch las, sondern rauchte, trank und fernsah, auch für diesen urlaub sicherzustellen. als wir das wasser verließen, wurden am strand gerade buffets aufgebaut und die tische für das galadiner dekoriert.

wir trafen uns auf unserer terrasse zu einem ersten glas sekt. edith erschien in einem kurzen, schwarzen paillettenkleid und silbernen sandalen. sophie kam im jeansrock mit weißem top und einer kurzen weste darüber, und bei elias hingen die blonden langen haare, so blond und so lang, wie die meinen vor dreißig jahren, über sein hellgraues sakko herab. ich spreche so detailvoll darüber, weil wir alle diese klamotten, die uns damals als die richtige ausstattung für unsere weihnachtsfeier unter palmen erschienen, heute nicht mehr besitzen.

ich habe seit der geburt unserer zwillinge die ambition gehabt, weihnachten, so wie ich es in der kindheit erfahren habe, als ein besonderes familienfest zu gestalten. möglichst ohne den streit, der sowohl in meiner als auch in ediths familie häufig zur vorbereitungsphase dazugehörte. wir schmücken gewöhnlich am vorabend einen christbaum, der am nächsten tag bis zum abend hinter verschlossenen türen steht, und wir bereiten ein besonders gutes und ausführliches abendessen vor. es ist, so wie unser herumtollen im wasser, ein gemeinsames ritual. wir nehmen es nicht ganz ernst. wir spielen es.

vor der bescherung gingen wir noch zum empfang am pool. das schwimmbecken hatte im *princess* eine ungewöhnliche lage, es war in einen etwa drei meter hohen betonsockel eingelassen. von dort oben hatte man einen schönen blick auf die bucht. zur meeresseite hin endete der pool in einem breiten wasserfall. lag man am strand, hatte man vorne das meer und dahinter den wasserfall. lag man am pool, ging der blick auf das poolwasser über in den weiten horizont des meeres. für den empfang waren auf der liegefläche hinter dem pool bartische aufgestellt worden, auf denen verschiedene thailändische snacks standen. die kellner servierten sekt sowie shrimps-spieße und andere warme vorspeisen.

die meisten der insgesamt zweihunderteinundzwanzig hotelgäste stammten aus großbritannien, die zweitstärkste gruppe kam aus deutschland, danach folgten südafrika, schweden, kanada, die usa und frankreich. aber es waren noch viele weitere nationen vertreten: chilenen, kroaten, tschechen, dänen, niederländer, iren, israelis, italiener, japaner, mexikaner, norweger, russen, schweizer, zwei thailänder und ein türke. aus österreich stammten außer uns nur noch magdalena und ihr freund.

beim empfang am pool waren alle gäste festlich angezogen, sie spazierten mit ihren sektgläsern und spießchen herum, man kam ins gespräch. woher kommen sie, ist das ihr erster thailand-urlaub und so weiter. wir trafen auch claude und emine wieder. ich machte ein paar fotos von dieser etwas unwirklichen abendgesellschaft, die, hoch über dem strand, am pool entlang flanierte, und bat dann irgendjemanden, uns zu fotografieren. auch sophie machte fotos. alle diese fotos haben wir nie gesehen. von den menschen, die darauf abgebildet waren, hat zwei tage später etwa die hälfte nicht mehr gelebt.

edith hatte vor der abreise heimlich vanillekipferl gebacken, die sie uns nach dem pool-empfang auf unserer terrasse servierte. wir haben zwar vereinbart, sagte sie, dass in diesem jahr die reise unser weihnachtsgeschenk ist, aber sollte trotzdem jemand päckchen mitgebracht haben, dann wäre jetzt der richtige zeitpunkt, sie abzugeben. wir alle hatten päckchen mitgebracht. und dann waren wir eine weile auf der terrasse ausgesperrt, bis es klingelte. nicht einmal auf das weihnachtsglöckchen, mit dem wir, seit unsere kinder klein waren, jahr für jahr die bescherung einläuteten, hatte sie vergessen. die glastür fuhr zur seite, der raum war mit kerzen beleuchtet, die in silbernen sternen steckten. auf der kommode und auf dem doppelbett lagen die weihnachtspäckchen. davor stand ein kleiner christbaum aus plastik, der zuerst hell blinkte und dann langsam die farben wechselte, bis er wieder zu blinken begann. eine weile sahen wir dem seltsamen treiben dieses kitschbäumchens zu, das geradezu einlud, *o tannenbaum* zu singen. elias filmte uns, und wir mussten dabei über uns selbst so lachen, dass wir über die erste strophe nicht hinauskamen. edith brachte eine papierrolle mit dem weihnachtsevangelium zum vorschein, sophie las es vor, und wir sangen, nun ganz ohne lachen, die erste strophe von *stille nacht.*

dann kam meine weihnachtsansprache. auch das war bei uns tradition. sie enthielt einen kurzen jahresrückblick und eine vorausschau. die kinder würden maturieren, sie würden großjährig werden und sie würden zu entscheiden haben, was sie nach der matura machen wollten. bei edith und mir stand der fünfziger bevor. und natürlich sprach ich auch vom glück, das wir bislang miteinander hatten.

und dann ging es ans geschenkeauspacken. wir bestaunten die dinge, die zum vorschein kamen. parfüm, seidenunterwäsche, ein weltempfänger, ein gypsie-rock, ein knallroter schlafrock, ein mp3-player, badeshorts, kuverts mit geld von oma, opa und tante anni, ohrgehänge, mehrere usb-sticks, ein schachbrett. da edith sich öfter beklagt hatte, dass fotos nur noch auf dem computer angeschaut werden, hatte sophie für sie die besten fotos des zu ende gehenden jahres als ausdrucke anfertigen lassen.

zwei geschenke wurden gleich anprobiert. elias hatte für sophie ein t-shirt mit der aufschrift *reggae* mit den farben jamaikas bemalt und dazu eine cd mit reggaesongs von jimmy cliff, desmond dekker, bob marley, peter tosh, *seeed* und *the gentlemen* gebrannt. sophie hatte für elias ein langes, dunkelgrünes t-shirt gestaltet, auf dem über einem schwarzweißen bild der band in roter schrift *ramones* stand. in den stoff waren nieten gestanzt.

alle diese geschenke existieren nicht mehr, mit ausnahme des schachbretts, das ich von meinen kindern für die leipziger wohnung bekommen habe. da das brett eher groß ist, hat edith die kinder überredet, es in wien zu lassen und nur die abbildung aus dem karton auszuschneiden. auf die rückseite dieses kartons hatte elias geschrieben, dass er sich darauf freue, mit mir bald in leipzig schach zu spielen. wir packten aus, probierten an, umarmten uns, fotografierten und filmten einander. nach unserer weihnachtsfeier sperrte ich die filmkamera in den safe, und das ist der grund, warum ich sie heute noch habe. sie wurde uns zwei monate später mit dem verrotteten rest des safeinhalts aus thailand zugeschickt.

6

jetzt, eineinhalb jahre später, kommt mir, nachdem ich die erinnerung an unseren weihnachtsabend aufgeschrieben habe, der gedanke, die kamera aus der schachtel zu nehmen, aufzubrechen und nachzusehen, ob das digitalband noch irgendwelche abrufbaren informationen enthält. die gelegenheit ist günstig, denn sophie hat sich von einer freundin gerade eine digitale videokamera geliehen, und so hätte ich die möglichkeit, die filmkassette, falls sie noch funktionieren sollte, abzuspielen.

da an meiner kamera sich nichts mehr bewegen lässt, breche ich das kassettenfach mit einem schraubenzieher heraus. die kassette ist mit einer braunen kruste verklebt, die rollen lassen sich nicht mehr drehen, ich muss auch sie aufbrechen. feiner sand rieselt heraus. aber der filmstreifen ist beidseitig aufgewickelt, und so mache ich mich an die arbeit. ich pinsle den sand heraus und benötige dann einen halben tag, um den filmstreifen zentimeter für zentimeter zu reinigen. dann spule ich von einer neuen kassette den filmstreifen heraus, schneide ihn ab und klebe den thailand-film an die enden des unbespielten films. um sicher zu sein, dass mir das, was ich zu sehen bekomme, nicht mehr verloren gehen kann, verbinde ich die videokamera mit dem computer und starte mit der wiedergabe gleichzeitig eine aufzeichnung.

der film beginnt mit einer ausgelassenen nikolausfeier in unserer wiener wohnung, zu der kein nikolaus, sondern ein krampus erschienen ist, den wir liebevoll mit luzi (für luzifer) ansprechen. manchmal verschwimmen die farben ein wenig, und der ton hat leichte verzerrungen, aber insgesamt scheint der film in ordnung zu sein. und dann kommen die ersten sequenzen von der schiffsreise nach koh phi phi. wie gefesselt sitze ich da und starre auf den bildschirm. der schlafende elias, die schwenks über die menschen auf dem vorderdeck und zu den inseln. und dann der schwenk im passagierraum und das close-up des korpulenten schlafenden mannes. und plötzlich erkenne ich das gesicht wieder. ich habe es zwei tage, nachdem ich diese aufnahme gemacht hatte, immer wieder anschauen müssen. da war seine braune haut schon gelblich geworden. er war einer der toten, die im eingangsbereich jenes hotels lagen, auf dessen dach wir zuflucht gefunden hatten. am bauch hatte er eine tiefe, auseinanderklaffende wunde, aus der eine flüssigkeit sickerte. in seiner nähe lagen eine tote frau und ein totes kind, von denen ich bis heute nicht weiß, ob sie zu ihm gehörten. vielleicht hatte er nur einen ausflug nach phuket oder eine geschäftsreise gemacht und war auf unserem schiff zu seiner familie zurückgefahren.

der film endet mit unserer weihnachtsfeier. ich sehe uns lachend *o tannenbaum* singen. offenbar hat der baum gerade auf rot geschaltet, denn wir singen: wie rot sind deine blätter. die farben verschwimmen immer mehr, am schluss sitzt edith auf dem bett und packt den roten seidenschlafrock aus, den sie von den kindern bekommen hat. sie steht auf und streift ihn über. in diesem moment beginnt der ton zu knacken, und die farben schießen gänzlich aus den konturen. von ediths körper fliegen rote rechtecke weg, und wo gerade noch ihr gesicht war, ist nun ein schwarzer fleck. dann ist der film zu ende.

7

ein jahr nach dem tsunami kehren edith und ich nach koh phi phi zurück. ich habe damit angefangen, meine erinnerungen aufzuschreiben. dabei hat sich herausgestellt, dass die bilder in meinem kopf in vieler hinsicht sehr vage sind. vor allem kann ich mir keine vorstellung davon machen, welche umstände uns das leben gerettet haben. das ist eine frage, die mich über all die monate hinweg nicht losgelassen hat. warum bin ich noch am leben? warum sind wir noch am leben? ich will den ort, oder das, was davon geblieben ist, wiedersehen. ich will auf koh phi phi mit menschen sprechen. ich will wissen, wie die einheimischen damit umgehen.

auf einer website las ich, dass es am ersten jahrestag des tsunamis in ton sai village eine große gedenkveranstaltung geben wird. ich habe jedoch keine lust, weihnachten erneut auf phi phi island zu verbringen, und schon gar nicht ohne kinder.

die wollen aber auf keinen fall mitkommen. auch edith zieht es nicht nach thailand zurück. und so scheint es mir am besten, schon anfang dezember zu reisen, um zu weihnachten wieder zu hause zu sein. edith will mich jedoch auch nicht allein reisen lassen. sie beschließt, mitzukommen. da es günstiger ist und ich ohnedies dort zu tun habe, buche ich einen flug von münchen.

als wir dann anfang dezember eineinhalb stunden vor dem flug einchecken wollen, gibt es ein problem. die lufthansa-angestellte kommt im computer nicht an die flugdaten heran. sie will telefonieren, aber die leitung ist besetzt. erneut versucht sie es über computer und schüttelt den kopf. aus irgendeinem grunde sei der flug 925 der *thai airways* international noch nicht freigegeben. mittlerweile ist schichtwechsel, aber auch die nächste angestellte kann das problem nicht lösen und empfiehlt uns, es in einer viertelstunde erneut zu versuchen. als wir schließlich zum schalter zurückkommen, finden wir eine überfreundliche angestellte vor. sie dreht den bildschirm zu uns herüber und lässt uns die sitze wählen. sie verweist auf die reihe 31. die sitze a, b und c seien fußfrei. an die komme sie jedoch nicht ran, die würden vom gate aus vergeben. wir sollten uns dort nach diesen sitzen erkundigen. inzwischen werde sie uns zwei sitze geben, bei denen nebenan noch ein dritter frei sei.

am gate frage ich nach der 31. reihe, plätze a bis c. schon besetzt, sagt die angestellte. ich begnüge mich mit dieser antwort und finde darin nur die bestätigung, dass bei der sitzwahl die privilegien prinzipiell an andere vergeben werden. ich höre noch, wie der neben mir stehende mann gerade sein rückenleiden als grund anführt, warum er einen bestimmten platz am notausgang haben müsse.

als der flug später aufgerufen wird, nicht nach sitzzonen getrennt, sondern für alle plätze gleichzeitig, lassen wir uns zeit, bis der großteil des menschenstroms in der brücke verschwunden ist. da gibt es eine durchsage. edith und ich werden gebeten, zum abflugschalter zu kommen. die angestellte sagt, wir könnten nun die sitze 31 a bis c haben. ich weiß nicht, wie es dazu kam, ich stelle keine fragen, ich bedanke mich nur.

31 a, b und c sind in der economy class der *boing 747* gleich die ersten drei sitze bei der tür. beim abflug nimmt gegenüber von uns eine thailändische stewardess platz. sie lächelt uns an und sagt, wir hätten die besten plätze. sie verweist auf die ausbuchtung an der tür, in der offenbar die notrutsche untergebracht ist. nach dem start, sagt sie, könne ich da meine füße rauflegen. ich war selbst schon auf diesen gedanken gekommen, war aber sicher gewesen, dass dieses zusatzprivileg von keiner langen dauer sein würde.

edith nimmt ein päckchen aus ihrem rucksack. es ist ein geschenk ihrer freundin claudia. sie hat es mit der auflage bekommen, es erst im flugzeug zu öffnen. in dem kleinen behälter, der aussieht wie eine miniatur-hutschachtel, befindet sich ein goldkettchen mit einem schutzengel.

als sie sich das kettchen umhängt, ergreift mich eine merkwürdige panik. ich habe plötzlich angst, einen großen fehler zu begehen. ich hätte zufrieden und glücklich damit sein sollen, dass wir alle vier überlebt haben, stattdessen setze ich uns einer neuen gefahr aus. einen tsunami kann es jederzeit wieder geben, und so ein flugzeug kann abstürzen. wer weiß, warum das flugzeug bis knapp vor dem abflug nicht freigegeben wurde. vielleicht hat es technische probleme. mache ich meine kinder nun zu vollwaisen, nur weil ich zu starrsinnig bin, den guten ausgang einer gefahr anzuerkennen?

ich sage nichts von meinen gedanken, aber sie verfolgen mich über stunden, und ich würde gerne wissen, ob edith die gleichen ängste hat. aber wir sprechen nicht darüber. ich will sie nicht beunruhigen.

die maschine nach bangkok ist gut gefüllt mit männern, denen auf den ersten blick anzusehen ist, dass sie aus diesem kurzen leben möglichst viel herausholen wollen. die meisten von ihnen reisen in gruppen. sie wollen schon im flugzeug ihren spaß haben, und ihnen kann auch geholfen werden. die thailändische fluglinie hat reichlich alkohol an bord. hinter uns sitzt ein deutscher mit seiner thailändischen frau. der mann hat uns schon beim einsteigen ins flugzeug einen tausch der sitzreihen vorgeschlagen.

die einzeln oder in gruppen reisenden männer bleiben alle in bangkok zurück oder reisen weiter nach pattaya, die pärchen sammeln sich vor den gates zu den anderen zielen am meer. in der abflughalle des flughafens von bangkok stehen viele reihen von stahlrohrsitzen, die mit blauem kunstleder bezogen sind. der boden ist mit einem bunt gescheckten teppich ausgelegt. die decke ist ein von neonlichtstreifen unterbrochenes netz aus kanalgittern. da und dort stehen standkonsolen für fernsehapparate.

wir erkennen diese halle wieder. auch jetzt läuft in den fernsehapparaten *cnn*. damals waren die ganze zeit über nur bilder vom tsunami zu sehen, heute sind es vor allem bilder vom prozess gegen saddam hussein. entlang der gates, wo nun die flughafenangestellten die tickets abreißen und in eine registriermaschine stecken, standen damals die tische mit den delegierten der einzelnen botschaften. am einen ende der halle hatte man offenbar die stahlrohrsitze abmontiert, um platz für das lazarett zu schaffen. am anderen ende befinden sich heute so wie damals die toiletten und die raucherzone. sie ist durch eine glaswand von der halle abgetrennt. das glas ist mit blumenornamenten aus kunststoff überklebt. zwei waagrechte streifen sind jedoch frei geblieben, durch die man sehen kann, wie viele raucher in den blauen hartschalenstühlen platz genommen haben.

vor einem jahr saß ich auf einem dieser stühle. gegenüber saß eine *lufthansa*-stewardess, die mir eine zigarette schenkte und mir versprach, sie werde uns socken besorgen. edith hatte angst davor, in unserem zustand elf stunden lang barfuß in einer klimatisierten kabine zu sitzen. wir hatten keine schuhe, nur plastikschlapfen. ein paar stunden nach dem tsunami hatte ein mann in den müllhaufen eines zerstörten sportgeschäfts einen zugeschweißten sack gefunden, der mit plastikschlapfen gefüllt war. er hatte sich daraus bedient und den rest auf das dach hochgebracht, auf dem wir, zusammen mit etwa fünfzig anderen personen, unser neues quartier auf phi phi island gefunden hatten.

als wir am abend des 28. dezember 2004 schließlich in dieser abflughalle des flughafens von bangkok saßen, war es noch unklar, ob wir weiterfliegen könnten. die *austrian airlines* weigerten sich, uns nach wien mitzunehmen, weil wir unseren thailand-flug bei einer anderen fluggesellschaft gebucht hatten. die *lufthansa* hätte uns nach münchen mitgenommen und *eva air* nach amsterdam, aber die *aua* wollten auch nicht den weitertransport von münchen oder amsterdam nach wien übernehmen. nach dem tsunami waren *austrian airlines* zwei tage lang mit freien plätzen nach wien zurückgeflogen. wer kein *aua*-ticket hatte, wurde nicht mitgenommen.

der nachtflug vom 28. dezember von bangkok nach wien brachte schließlich die wende. nach vielen telefonaten des uns betreuenden botschaftsangestellten willigte die *aua* ein, die maschine auch mit leuten aufzufüllen, die kein flugticket besaßen und sich auch keines kaufen konnten, weil sie alles verloren hatten. da es bis zum abflug um dreiundzwanzig uhr noch eine weile dauerte und unsere wunden im lazarett schon versorgt worden waren, begann ich mich um kleinigkeiten wie socken zu kümmern. die *aua* konnten oder wollten nicht behilflich sein, aber die *lufthansa*-stewardess kam kurz nach der zigarette, um die ich sie gebeten hatte, mit vier paar socken auf uns zu, und sie machte uns, in der situation, in der wir damals waren, mit all den pflastern und wundverbänden am körper, eine große freude damit.

knapp vor dem abflug, als wir schon zum gate aufgebrochen waren, wurde unsere heimreise wieder ungewiss. es waren zwei kinder zum flughafen gebracht worden, die ihre eltern verloren hatten. es stellte sich dann allerdings heraus, dass auch für sie noch platz in der maschine war.

zwei tage später war dann alles anders. die *aua* sandten sogar sondermaschinen nach phuket, um die gestrandeten nach hause zu bringen.

8

wir hatten nur einen regulären urlaubstag auf phi phi island, den weihnachtstag. das bild, das wir uns von der insel, so wie sie vor dem tsunami war, machen konnten, stammte vor allem von den rundgängen dieses einen tages.

auf phi phi island gab es keine motorfahrzeuge. sie hätten in den engen, belebten gassen auch keinen platz gehabt. wollte man zu entfernteren punkten der insel kommen, musste man ein boot nehmen oder sich mit entsprechender ausrüstung auf einen der einfachen dschungelpfade begeben, die über die berge führten.

unser weihnachtstag begann mit einem ausführlichen frühstück im achteckigen speisepavillon, der direkt am strand lag. daneben war der aufgang zum pool. man konnte unter dem hohen, weithin sichtbaren spitzdach des pavillons platz nehmen, man konnte sich aber auch an den strand hinaussetzen, wo zwischen hibiskussträuchern, oleandern, azaleen und palmen noch weitere tische mit sonnenschirmen aufgestellt waren. nebenan, im sockel unter der poolterrasse, gab es eine zum strand hin ausgerichtete bar, an die der wasserfall anschloss. direkt über dieser bar lag noch eine zweite, runde bar zur versorgung der poolgäste, die im wasser auf barhockern platz nehmen konnten.

wir kannten den pool nur vom weihnachtsempfang. an dem einen tag, der uns noch blieb, hatten wir kein bedürfnis, ihn zu benutzen. an die rückseite des mächtigen poolsockels war ein weiteres gebäude angebaut, dessen erdgeschoss die küche einnahm. darüber befand sich der spa-bereich des hotels, zu dem man von der poolterrasse noch ein paar stufen hinaufgehen musste.

als ich ein jahr später hierher zurückkehre, sehe ich diesen gebäudekomplex mit anderen augen. oben im spa-bereich haben magdalena und ihr freund überlebt. sie hatten sich auf der poolterrasse aufgehalten und die auf sie zukommende welle mehrmals fotografiert. später hat mir magdalena diese fotos gemailt, daher kann ich nachempfinden, warum es zunächst zwar verwunderung, aber keinerlei panik gab. die welle wirkte harmlos.

die menschen am pool schauten zum meer hinaus, weil es sich bei flut zurückgezogen hatte. das wasser war am horizont kaum noch wahrnehmbar. die schnellboote, die in einiger entfernung zum strand vor anker lagen, um auch bei ebbe noch wasser unter dem kiel zu haben, lehnten nun in schräglage auf dem meeresboden. draußen waren die korallenriffe bloßgelegt. die menschen wunderten sich über dieses seltsame schauspiel, sie fotografierten es. nach einigen minuten sah man in der ferne das meer zurückkommen. ein silbernes band am horizont, das schnell näher kam, jedenfalls deutlich schneller als die üblichen meereswellen. mittlerweile ist die geschwindigkeit dieser welle berechnet worden. sie war mit 320 stundenkilometern durch das andamanische meer gerast und im flachen meeresboden vor phi phi island auf fünfzig stundenkilometer abgebremst worden. hinten drückte jedoch das wasser in der anfangsgeschwindigkeit nach. in der folge wurde die flache welle von ursprünglich fast hundert kilometern länge immer kürzer und dabei zu einem stetig wachsenden berg zusammengedrückt. was die menschen am pool sahen, war nur der vordere ausläufer der welle, eine art wildwasserwalze, die den sandboden der bucht durchpflügte.

dieser braune, mit sedimenten durchsetzte gischtstreifen, wuchs, als er sich in die lohdalum-bucht hereinwälzte, auf eine länge von etwa zweihundert metern an, aber der anfang, also das, was unmittelbar auf den strand zukam, war kaum zwei meter hoch. aus der entfernung gesehen, wirkte das nicht bedrohlich. was die menschen am strand und am pool nicht gleich wahrnehmen konnten, da es sich vom üblichen anblick des meereshorizonts kaum unterschied, war die schräge oberfläche des hinter dem schäumenden anfang nachdrückenden wassers. der pegel stieg beständig an, bis zu einer höhe von sechseinhalb metern über dem gewohnten niveau bei flut.

drei urlauber liefen zu ihren schnellbooten. die welle drückte vorweg etwas wasser herein, das die boote hob. die drei starteten die motoren und fuhren mit vollgas auf die welle zu. zwei boote schafften es, hinaufzufahren, das andere wurde zur seite gerissen und von den wassermassen überrollt. die menschen am pool hielten den atem an. nicht wegen der welle, sondern wegen des bootsfahrers. weder von ihm noch vom boot war noch etwas zu sehen.

da erst merkten die badegäste am strand die gefahr und begannen zu laufen. gleich darauf kenterte eines der beiden anderen boote, das es schon geschafft zu haben schien. es kam in der durchwirbelten gischt mit dem bug unter wasser und verschwand. oben am pool bestand, wie es schien, keine gefahr. die menschen redeten über die möglicherweise vor ihren augen ertrunkenen bootsbesitzer – beobachteten, was weiter geschehen würde.

zu dieser zeit saß die stellvertretende generalmanagerin des *princess*, supansa yodaroon, gemeinsam mit der finanzmanagerin und dem einkaufsmanager für speisen und getränke beim frühstück, um das galadiner für den silvesterabend zu besprechen. als sich das meer zurückzog, standen sie auf und traten ein paar schritte vor den pavillon. sie schauten auf die bucht hinaus. so lange, bis das wasser zurückkam. sie beobachteten das kentern der boote und liefen zum pool hinauf.

die welle erreichte den strand und riss alles mit sich: liegen, sonnenschirme, stranddecken, hocker. das wasser kam ans ufer und floss am pool vorbei, erfasste die tische, stühle und sträucher vor dem speisepavillon und spülte sie ins restaurant hinein und auf der anderen seite wieder hinaus.

das meer war ein breiter fluss geworden, der auf das land herausfloss und dabei stetig anstieg, bis plötzlich absehbar war, dass er gleich die poolhöhe erreichen würde. da begannen die menschen auch dort oben zu laufen. manche zu spät. sie wurden in den pool hineingespült, wo sich eine walze bildete, die sie festhielt. die anderen liefen die paar stufen zum fitnessraum hinauf oder versuchten, auf das dach zu klettern. der fluss stieg weiter an, und seine geschwindigkeit nahm zu.

hinter dem spa-bereich lagen zwei terrassen, eine schloss an den fitnessraum an. magdalenas freund schaffte es, rechtzeitig hinauszulaufen und sich aus der stromlinie zu bringen, sie jedoch hatte zu lange gezögert. sie wurde durch den fitnessraum gespült und gegen die wand geworfen. dabei brach sie sich das sprunggelenk. das meer floss nun durch den fitnessraum über die terrasse. magdalena und ihr freund hielten sich an den geländern fest. sie sahen zu, wie die bungalows weggespült wurden und die menschen auf palmen und dächer zu klettern versuchten.

auf dieser terrasse standen auch die drei resortmanager, die sich zur besprechung des silvesterbüffets getroffen hatten. vor ihren augen wälzte sich die welle zwischen den palmen hindurch und zerlegte alles, was nicht aus massivem beton war. die exquisiten bungalows krachten zusammen, als wären sie zündholzschachteln. von dem drama, das sich direkt unter ihnen, im küchenbereich, abspielte, ahnten sie nichts.

in der küche und in den angrenzenden wirtschafts- und vorratsräumen war gerade noch geschäftiges treiben gewesen. die einen verstauten das frühstücksbüffet und wuschen das geschirr ab, die anderen bereiteten das mittagsbüffet vor, das in eineinhalb stunden bereitstehen musste. die welle hatte den kücheneingang, der sich auf der seite des speisepavillons befand, mit müll, tischen und abstellschränken verbarrikadiert. um zu entkommen, hätten die angestellten die barrikaden gegen den strom wegdrücken müssen, was unmöglich war. der küchenbereich lag bald zur gänze unter der wasseroberfläche.

9

als wir am weihnachtsmorgen in diesem achteckigen speisepavillon mit direktem blick zum meer platz nahmen, erfreuten wir uns zunächst an dem reichen obstangebot. für das zubereiten von omelettes waren gleich zwei köche zuständig. wir beobachteten die menschen, trafen emine und claude wieder und wurden, wie wir ein dreivierteljahr später erfuhren, selbst von magdalena und ihrem freund beobachtet, die am nebentisch saßen und uns an der sprache als österreicher erkannten.

edith und ich hatten am vorabend nach dem weihnachtsdinner noch einen spaziergang entlang der strandpromenade an der hafenseite, in der ton-sai-bucht, unternommen. unsere kinder, die beim flug kaum geschlafen, dafür aber umso ausführlicher filme angeschaut hatten, waren zu müde gewesen, uns zu begleiten. wir erzählten ihnen nun beim frühstück von den vielen bars und discos, an denen wir vorbeigekommen waren, von den ausgelassenen feiern, den feuershows.

in den discos und vor den strandbars wurden zu lauter musik feuerketten geschwungen, sogenannte feuer-poises. es war ein regelrechter wettbewerb im gange, die kunstvollsten feuerfiguren in die nacht zu malen. einer fiel besonders auf, weil er noch ein kind war, vielleicht acht jahre alt. angefeuert von den nicht mehr ganz nüchternen jugendlichen, bewegte er sich im technorhythmus inmitten einer hülle aus feuerschleifen, deren kunstvolles gewebe sich vor den älteren vorbildern nicht verstecken musste. auffällig war auch einer aus dem publikum, ein hochgewachsener deutscher, der, nur mit stiefeln und tangahöschen bekleidet, seine tätowierungen zur schau stellte.

wir sahen diesem ausgelassenen treiben, das sich von allem unterschied, was wir bislang zu weihnachten gesehen hatten, eine weile zu, dann kauften wir uns eine flasche rotwein und gingen zu unserem bungalow zurück, um auf der terrasse noch ein gläschen zu trinken. so wie wir den kindern von unserem ausflug ins nachtleben erzählten, war eigentlich schon beim frühstück klar, was sie am abend tun würden.

aber zunächst holten wir unsere badesachen aus den bungalows und machten uns auf die suche nach einem einigermaßen ruhigen plätzchen. wir gingen die lohdalumbucht entlang und dann, bei der letzten hotelanlage, dem *phi phi view point resort*, ein stück den berg hinauf, um uns die bungalows und ihre lage anzusehen. es war ja auch denkbar, dass wir uns in unserer zweiten urlaubswoche hier einmieteten. einen tag später, ungefähr zur gleichen zeit, wurde magdalena von ihrem freund auf genau derselben strecke den berg hinaufgetragen, gefolgt von vielen anderen, die sich vor neuen wellen in sicherheit bringen wollten.

dieser steil bergauf führende weg hatte eine abzweigung, die zum *viewpoint* führte, einer aussichtsplattform, von der aus man beide buchten überschauen konnte. als der tsunami kam, waren am *viewpoint* gerade einige touristen. sie fotografierten und filmten in einem fort, ohne gleich zu begreifen, was sie da filmten. die chronik ihrer schnappschüsse brachte später klarheit in die wirre debatte, wann von wo das wasser kam. auf einer dieser aufnahmen, die später ins internet gestellt wurde, sieht man in der ton-sai-bucht die schiffe mit voller kraft davonrasen, darunter auch die passagierfähre aus phuket. sie hatte um zehn uhr fünf am pier angelegt. die urlaubsgäste und tagestouristen waren, so wie wir eineinhalb tage zuvor, von dem schild *welcome to phi phi island* begrüßt worden, das auch nach dem tsunami noch dort hing. die urlauber gingen zu ihren hotels, die tagestouristen schlenderten durch die gassen von ton sai village oder ließen sich gleich an der strandpromenade in einem der cafés nieder. als das passagierschiff eine viertelstunde am pier lag, sank es plötzlich wie ein lastenaufzug nach unten. die taue spannten sich und drückten das schiff noch enger an die holzplanken, die als stoßdämpfer vor den betonpfeilern in den boden gerammt waren. aber es sank weiter, bis der rumpf im sand lag. das war bisher noch nie geschehen. die passagierbrücke, die normalerweise vom schiff schräg nach unten zur betonplattform der mole führte, hing nun in der umgekehrten richtung und geriet bald in eine solche steillage, dass sie von der mole zum schiff hinunterrutschte.

das meer kam schnell zurück. der kapitän des passagierschiffs tat, sobald er wieder wasser unter dem kiel hatte, das einzig richtige: er ließ die leinen kappen und fuhr mit voller kraft auf die welle zu. die vom *viewpoint* aus gemachte aufnahme der ton-sai-bucht zeigt ein bootsrennen. etwa dreißig größere und kleinere motorboote zeichnen lange weiße linien in das blaue wasser. wer an diesem rennen beteiligt war, ist entkommen. die welle, die von der ton-sai-bucht kam, hatte mehrere stufen und erreichte insgesamt nur eine höhe von drei metern über dem normalen flutpegel. aber das reichte, um die vielen boote, die am ufer vertäut waren, an land zu werfen, in die häuser hineinzuschießen und zu zertrümmern. kurz darauf wurde das, was von ihnen übrig blieb, von der wesentlich höheren und mächtigeren welle, die von der lohdalum-bucht kam, wieder in die ton-sai-bucht zurückgespült. am ende war das meer in der ton-sai-bucht ein schwimmender müllteppich.

die wenigen bungalows des *phi phi view point resorts*, die wir bei unserem spaziergang am weihnachtstag betrachteten, waren alle gleich gebaut. mit ihren über dem abhang auf pfählen ruhenden terrassen boten sie den bewohnern einen schönen blick aufs meer hinaus. dies waren allerdings nicht die einfachen hütten, die wir für den zweiten teil unseres urlaubs suchten, und so kehrten wir um und folgten weiter dem verlauf der bucht. der sandstrand ging nun in ein gelände aus flachen felsrücken über, hinter denen ein vom dschungel dicht bewachsener, steiler berg anstieg. die steinplatten waren von schmalen rinnen durchbrochen, in denen sich zwischen angespülten muscheln unzählige meereskrebse tummelten. sobald man in die nähe kam, verschwanden die tiere unter den steinen.

hier hielten wir uns eine weile auf und gingen zwischendurch ins wasser, zufrieden darüber, dass man vom hauptstrand nur ein paar minuten weggehen musste und schon ganz allein war. ich kann nicht ruhig in der heißen sonne liegen. und so ging ich an der urwaldgrenze entlang und stöberte in dem treibgut, das sich in den wurzeln verfangen hatte. ich fand ein langes tau, riss äste von den sträuchern und baute daraus auf unserer felsplatte einen sonnenschutz.

auf dem rückweg zum hotel nahmen wir noch einen lunch bei einer indischen garküche ein, dann gingen wir getrennte wege. edith und sophie ließen sich am strand im schatten eines weit ausladenden baumes nieder, elias ging zurück in den bungalow, und ich wollte mich ein wenig umsehen. an den pfaden unserer hotelanlage war eine gruppe von gärtnern mit dem zurechtstutzen der pflanzen und ihrer bewässerung beschäftigt. mir gefiel es hier so gut, dass ich, entgegen unserer vereinbarung, zur hotelrezeption ging und mich erkundigte, ob wir noch eine weitere woche hierbleiben könnten. die rezeptionistin sagte, dass unsere bungalows schon vergeben seien, aber sie werde sich das in ruhe anschauen und mir dann ein angebot machen. ich warf einen blick in die kleider-, schmuck- und souvenirboutiquen und ging dann in den laden von *princess diving*, dem tauchunternehmen unseres hotels. ich sprach dort mit einem mann, von dem ich heute weiß, dass es der schwede per war. ich fand sein bild in der fotodokumentation *phi phi island – a paradise lost*. im laden saß auch joy, pers thailändische freundin. per war vor elf jahren das erste mal nach phi phi island gekommen und dann jahr für jahr zurückgekehrt. er ließ sich zum tauchlehrer ausbilden und verbrachte seither die kalte jahreszeit auf phi phi island und den sommer in schweden.

er erklärte mir, dass phi phi island ausgezeichnete tauchbedingungen biete, mit einer unterwassersicht von zwanzig bis dreißig metern. seine tauchgruppen bestünden aus höchstens fünf personen, unsere familie habe also gerade die richtige größe. da wir kein aktuelles logbuch aufzuweisen hatten, empfahl er, mit einem auffrischungstauchgang zu den küstennahen riffen zu beginnen und erst einen tag später zu den großen unterwasserhöhlen hinauszufahren, in denen teufelsrochen mit einer flossenspannweite von mehreren metern wohnten. so wie er die arme auseinanderstreckte, hatte ich die vorstellung von einem derart gigantischen fisch, dass ich antwortete, ich sei mir nicht sicher, ob ich den wirklich treffen wolle.

joy hörte uns zu und lachte. sie war, wie ich später erfuhr, im fünften monat schwanger. zwei tage nach meiner begegnung mit per und joy, am 27. dezember, wäre ihr hochzeitstermin gewesen.

joy hieß eigentlich suchada pattakor, aber sie wurde von allen joy genannt. sie war fünfundzwanzig jahre alt und stammte aus kathu, einer kleinen stadt auf der insel phuket. per und joy hatten sich vor zwei jahren kennengelernt. im letzten sommer hatte per sie nach schweden mitgenommen und seiner familie vorgestellt. sie hatten beschlossen, nach der geburt des kindes das abenteuerleben von phi phi island aufzugeben und ganz nach schweden zu ziehen.

doch dazu sollte es nicht kommen. per führte am nächsten morgen eine kleine tauchgruppe zum *king cruiser* hinaus, einem auf halber strecke nach phuket in fünfundzwanzig metern tiefe liegenden schiffswrack, das zu einem beliebten tauchziel geworden war. nach etwa zwanzig minuten brachen sie den tauchgang ab, weil das wasser sich eintrübte und eine starke strömung aufkam. sie wurden von einem ausläufer der welle gestreift, die auf die lohdalumbucht zuraste.

dort saß joy seit acht uhr dreißig im *princess-diving-laden*. nach dem frühstück kamen erfahrungsgemäß die meisten kunden. bei ihr waren zwei britische tauchlehrer. einer von ihnen, chay kyme, hat das, was folgte, später einem reporter der *new york times* geschildert. sie liefen zur rezeption. es drang wasser in die lobby. sie stiegen auf den rezeptionstisch und sahen das wasser vorbeifließen. die welle war von der ton-sai-bucht gekommen. nun flohen alle menschen, die noch eine chance hatten davonzulaufen, auf die andere seite der insel, zur lohdalum-bucht. doch dann kam von dort die wesentlich größere welle. sie wälzte sich als reißender strom über die insel und legte auch die rezeptionshalle des *princess* flach. die beiden britischen tauchlehrer wurden durch eine der gassen über die landenge in die hafenbucht hinausgespült, wo sie später ein longtailboot an bord nahm. pers freundin joy wurde, so wie die rezeptionistinnen, von den trümmern der zusammenstürzenden lobby des *phi phi princess* erschlagen.

per verbrachte die nächsten wochen damit, leichen einzusammeln und beim durchkämmen der müllstätte, zu der die insel geworden war, behilflich zu sein. dabei stieß er auch auf die überreste seiner braut. in der schwedischen fotodokumentation *phi phi island – a paradise lost* gibt es ein foto von per. er hat den grünen mundschutz an einem ohr ausgehängt. der baumelt ihm nun über die unrasierten wangen herab. er trägt eine rote baseballkappe, er ist verschwitzt, in seinen verquollenen augen spiegelt sich das sonnenlicht. am silbernen halsband hängt ein ring.

nach dem tsunami waren wir überlebenden urlauber, so schnell es möglich war, nach hause geflüchtet. dass im gegenzug aus aller welt ehemalige phi-phi-urlauber angereist kamen, um zu helfen, wurde mir erst klar, als ich ein jahr später auf die insel zurückkehrte. zum koordinationszentrum dieser freiwilligen helfer wurde *carlito's*, eine bar, die dem schweden carl steiner gehört, der seit zehn jahren auf der insel lebt. die einrichtung der bar war vom tsunami verwüstet worden, aber das gebäude hatte die welle überstanden. hier trafen sich abend für abend die freiwilligen helfer von *help international phi phi*, kurz *hi phi phi* genannt. diese ausschließlich von spendengeldern finanzierte organisation wurde vom holländer emiel kok gegründet, der früher einmal auf phi phi island ein tauchgeschäft betrieben hatte. er gab, als er von der zerstörung der insel hörte, seine arbeit in den niederlanden auf und kam zurück, um zu helfen.

in ihren besten zeiten beschäftigte *hi phi phi* siebenundsechzig thailändische arbeiter, die von insgesamt über zweitausend freiwilligen helfern unterstützt wurden. der größte teil des müllhaufens, der phi phi island nach dem tsunami geworden war, wurde nicht von baggern, sondern mit den händen abgetragen. das hatte den vorteil, dass die pässe, kofferschilder und sonstigen hinweise auf menschen, die während der flutwelle auf der insel gewesen waren, nicht auf einer mülldeponie landeten, sondern bei der mühsamen arbeit der identifizierung von vermissten zur verfügung standen.

nach einigen monaten, als der großteil der müllberge beseitigt war, wurde das konzept von *hi phi phi* geändert. die touristen, so überlegte die hilfsorganisation, sollten den einheimischen, die durch die flut ihren besitz verloren hatten, nicht auch noch die arbeit wegnehmen. es wäre besser, sie würden nicht als helfer, sondern wieder als touristen kommen. *hi phi phi* wurde zu einem gemeinnützigen unternehmen umorganisiert, das in seinen läden nun unter dem motto *return to paradise* t-shirts und kunsthandwerk verkauft. der erlös kommt dem wiederaufbau zugute.

von den vielen millionen, die als tsunami-hilfe nach thailand flossen, haben die menschen auf phi phi island nicht viel gesehen. für den totalverlust eines geschäfts gab es von der regierung umgerechnet vierhundert euro. für den tod eines angehörigen vierzig euro.

die thailändische regierung wollte die wiedererrichtung von ton sai village verhindern. sie plante, am schmalen landstreifen zwischen den beiden buchten einen naturpark anzulegen, mit einem denkmal zur erinnerung an die katastrophe. ton sai village sollte auf den hügel hinaufverlegt werden, mit dem hafen durch eine seilbahn verbunden.

nichts davon wird verwirklicht werden. jetzt schon reihen sich in den engen gassen mehr geschäfte und dienstleistungsbetriebe aneinander als vor der zerstörung. und selbst die hotels, die einen totalverlust zu beklagen hatten, wie das *princess* und das *charlie*, sind eingeschränkt wieder geschäftlich tätig geworden und eifrig um eine wiederaufbaugenehmigung für ihre anlagen bemüht. der speisepavillon des *princess* wird nun als strandrestaurant genutzt. in der küche, dieser todesfalle, wird wieder gekocht, wenngleich vorläufig nur in bescheidenen mengen, für tagestouristen.

10

zwischen der bar und dem strand sind nur einige palmen stehen geblieben, alles andere war müll und musste weggebaggert werden. durch die mit gras und blumen überwachsenen leerflächen führen ein paar holprige wege, auf denen hin und wieder mopeds fahren, was in diesem niemandsgelände jetzt offenbar erlaubt ist oder geduldet wird. ein mädchen kommt mit einem kinderfahrrad. wir weichen aus, sie lacht uns an. hinten auf dem gepäckträger sitzt ein kleiner barfüßiger junge, der sich an ihr festhält.

fünf zelte sind der reihe nach aufgestellt, sie sind aber nicht bewohnt. hinter einem holzverschlag hängt eine dusche, deren gelber wasserschlauch zur *tapear tattoo bar* führt.

ein jahr nach dem tsunami ist es mir ein bedürfnis, alle stätten, an die ich mich erinnere, noch einmal aufzusuchen und die wege, die ich am weihnachtstag 2004 gegangen bin, noch einmal zu gehen. ich hatte, nach meinem besuch im *princess diving*, einen anderen weg zur ton-sai-bucht gesucht und vermutet, dass es auch am fuße des berges, dort wo die beiden buchten am weitesten voneinander entfernt sind, häuser und damit auch wege geben müsste. und so kam ich an der *tapear tattoo bar* vorbei. es war eine bar wie viele andere, ein mehrstöckiger holzbau, in dem die familie des besitzers gleichzeitig lebte und arbeitete. unten wurde gekocht und ausgeschenkt, darüber waren zwei vermietete zimmer mit terrasse und ganz oben, unter dem dach, gab es noch ein oder zwei private räume. das gebäude war umgeben von hockern, tischen, hängematten und holzliegen mit decken und polstern, die es einem erlaubten, sich hier nach lust und laune auszustrecken. die *time & tide bar* nebenan sah nicht viel anders aus, und beide glichen wiederum der *hippies bar* und der *rolling stoned bar*, an denen wir schon am vorabend vorbeigekommen waren. was die *tapear tattoo bar* von den anderen unterschied, war die für hiesige verhältnisse aber wiederum gar nicht so ausgefallene besonderheit, dass man sich tätowieren lassen konnte.

seit dem tsunami jedoch ist die *tapear tattoo bar* wirklich eine besonderheit. sie ist, von der lohdalum-bucht aus gesehen, das erste gebäude, das den fluten standgehalten hat. früher war die bar ganz hinten in einem schmuddeligen gässchen versteckt. davor standen die bungalows des *charlie*-hotels, und ganz vorn war die promenade mit den vielen kleinen garküchen, pizzaständen, cafés und restaurants. jetzt steht die bar sozusagen in der ersten reihe.

es ist später vormittag. ein pärchen sitzt auf barhockern und trinkt cocktails. die beiden sind die einzigen gäste. an der wand hängt ein bild des kaisers und an der anderen wand eines von bob marley. es wird reggae gespielt. der wirt steht mit nacktem oberkörper da. seine kräftigen oberarme sind tätowiert. in den händen trägt er ein baby. stolz hält er es zur begrüßung über die theke. es ist ein junge, sagt er. heute ist er genau hundert tage alt.

seine beiden hübschen töchter, eine vielleicht dreizehn und mit zahnspange, die andere vielleicht fünfzehn, sind in der offenen küche mit vorbereitungen für das mittagsmenü beschäftigt. ich überlege kurz und sage: dann ist er wahrscheinlich noch vor dem tsunami gezeugt worden.

ja, antwortet der wirt, er hat uns glück gebracht. wir sind alle davongekommen.

ich sage ihm, dass wir im *princess* gewohnt haben und ebenfalls alle davongekommen sind.

im *princess*, sagt er und schüttelt dabei den kopf, im *princess*. da haben sie großes glück gehabt.

ich frage: waren sie hier in der bar, als das wasser kam?

er beginnt zu erzählen. dann unterbricht er, um das baby bei seiner frau abzuliefern, die in einem raum hinter der küche mit einem weiteren, etwa eineinhalb jahre alten kind beschäftigt ist. seine töchter hören zu arbeiten auf und kommen zur theke. auch das pärchen, das, wie sich bald herausstellt, aus australien stammt, beginnt sich für die geschichte zu interessieren. der wirt erzählt uns, dass er früh am morgen das erdbeben gespürt habe und mehrmals nach vorne zum meer gegangen sei, um das wasser zu beobachten. als er sah, dass es sich plötzlich weit zurückzog, nahm er ein paar wasserflaschen aus dem kühlschrank und ging mit seiner familie den berg hinauf.

aus einer schublade zieht er große, in folie eingeschweißte fotos hervor. darauf ist die bar zu sehen, so, wie er sie vorfand, als er vom berg herunterkam. eingekeilt in müllhaufen, ist sie weit und breit das einzige noch stehende gebäude. dann holt er aus derselben schublade, in der die fotos waren, den dokumentationsband *phi phi island – a paradise lost*. im ersten teil enthält das buch bilder der insel, wie sie vor dem tsunami aussah. der zweite teil dokumentiert die verwüstung. ich blättere darin und werde beim anblick dieser fotos so nervös, dass ich das buch weglege. ich will das buch unbedingt haben, aber ich kann die bilder nicht sehen. der barkeeper sagt, ich könne das buch im *hi-phi-phi*-laden erstehen.

in den nächsten tagen unternehme ich viel, um dieses buch zu bekommen, aber es will mir nicht gelingen. im *hi-phi-phi*-laden ist es ausverkauft, in den beiden buchhandlungen, die ich in ton sai village finde, ebenso. jeder, den ich frage, kennt dieses buch, das auf eine initiative schwedischer phi-phi-liebhaber rund um *carlito's*-besitzer carl steiner zurückgeht, aber es scheint restlos vergriffen zu sein. bis ich es ein paar tage später zufällig im *adventure-club* entdecke. der besitzer, ein engländer, verkauft es mir. der erlös dieses buches kommt der wiederaufbauhilfe zugute. als ich dem engländer erzähle, dass wir im *princess* waren und später auf dem dach des *phi-phi*-hotels, beauftragt er seinen angestellten, mir eine cd mit den amateurvideos und -bildern zu brennen, die er gesammelt hat. darunter auch einige filmsequenzen und fotos, die vom dach des *phi-phi*-hotels aus gemacht worden sind.

ich frage ihn, wie er überlebt habe.

ich bin, so erzählt er, mit meiner frau und meinem kind schon im geschäft gewesen. da haben die leute plötzlich gerufen, das wasser kommt, das wasser kommt. wir sind zur *reggae bar* hinübergelaufen, weil sie mehrere stockwerke hat. dort haben wir uns in sicherheit gebracht. danach habe ich mir allein den weg zurück zum geschäft gebahnt. ich wollte nachsehen, ob noch etwas übrig ist. da ist die zweite welle gekommen. ich konnte nicht mehr zur bar zurück. so bin ich hier auf das dach geklettert und habe zugesehen, wie das wasser die gesamte gasse zerstört hat.

der engländer schlägt mit der hand auf eine der betonsäulen des *adventure club*.

die hat zum glück standgehalten, sagt er. der müll, der hier überall lag, stammte von den weggeschwemmten gebäuden. was uns gehörte, war verschwunden. wir mussten alles neu machen.

er lässt seinen blick durch das geschäft schweifen, als würde er noch die alte einrichtung vor sich sehen. dann stellt er uns eine seltsame frage. er will wissen, wie viel zeit zwischen der ersten und der zweiten welle vergangen ist. waren es nur fünf minuten, fragt er, oder zwanzig minuten, oder war es vielleicht sogar noch länger? er habe das bislang nicht herausfinden können. keiner, der es erlebt hat, konnte ihm die frage beantworten. wir sind verblüfft, denn auch wir haben uns schon öfter darüber unterhalten, auch mit unseren kindern, ohne zu einer antwort zu kommen.

wir alle hatten, so scheint es, das zeitgefühl verloren. wir waren unversehens in eine neue welt hineingeraten, die so anders war, dass die alte zeitwahrnehmung nicht mehr galt oder einfach ausgeschaltet war. die menschen konnten das, was sie sahen, nicht fassen und versuchten doch gleichzeitig, das bild, das sich ihnen bot, als die gegebene realität, als die neue normalität zu verstehen. einerseits meine ich mich zu erinnern, dass die menschen geweint und geschrien haben – und die videoaufnahmen, die es davon gibt, beweisen das auch –, aber das bild, das mir am ehesten in den sinn kommt, wenn ich daran denke, ist das einer gewaltigen lähmung. einer allgemeinen starre. auf die uhr schaute offenbar niemand.

der angestellte des *adventure club* hat die cd fertig gebrannt. er bringt sie zum geschäftsführer, der sie mir überreicht und mich dabei bittet, diese bilder nicht an die presse weiterzugeben. damit solle kein geschäft gemacht werden. zum abschied reicht er mir die hand und wünscht mir *good luck*.

11

nun hatte ich das buch, und ich hatte eine cd mit videos und fotoaufnahmen. ich blätterte hin und wieder im buch und legte es wieder weg, ich klickte ein paar bilder auf der cd an oder schaute auf die verwackelten videos und stellte sie wieder ab. ich war schon entschlossen, darüber zu schreiben, aber ich war nicht in der lage, mir diese bilder in ruhe anzuschauen. und so wusste ich auch nicht, dass ich einen dokumentationsband gekauft hatte, in dem ich selbst abgebildet war. das fiel mir erst gestern auf, eineinhalb jahre nach dem tsunami, als ich das buch nochmals zur hand nahm und seite für seite anschaute. da stieß ich zuerst auf per, den tauchlehrer des *princess*, der seine schwangere braut verloren hat, und dann auf ein bild, das ein improvisiertes freiluftlazarett zeigt. oder vielleicht sollte man besser sagen, es zeigt verletzte urlauber, die sich auf matratzen am strand niedergelassen haben und darauf warten, dass jemand ihre wunden verbindet. die aufnahme entstand am 27. dezember um etwa neun uhr vormittags. der tsunami lag einen tag hinter uns. ein hubschrauber hatte krankenschwestern und wundverbände eingeflogen. bevor er wieder abflog, wurden etwa fünfzig leichen, die man am strand eingesammelt hatte, in die maschine geschichtet. sie mussten nach islamischem ritus dringend bestattet werden.

auf der matratze im vordergrund des bildes liegt ein weißer mann mit zerschnittenen armen und einem umwickelten bein. eine thailänderin versucht gerade, ein kissen unter seinen fuß zu schieben. der mann windet sich vor schmerzen und drückt sich den polster ins gesicht. auf einer anderen matratze, in der mitte des bildes, sitzen emine und ich. emine war in der nacht davor unser drittes kind geworden. sie hat, so wie ich, zerschnittene schienbeine und trägt immer noch den dicken weißen kopfverband, den ich ihr am vortag aus einem auseinandergerissenen leintuch angelegt habe. ich trage das grüne t-shirt mit dem logo des *international writing program* von iowa.

ich sehe dieses t-shirt und erinnere mich daran, wie es gerochen hat. nach öl und kloake. der tsunami hatte die kanalisation und die treibstoffbehälter der schiffstankstelle aufgerissen. auf dem foto öffne ich gerade den verband an meiner linken hand. auch emine hat die hände zu ihrem kopfverband erhoben. wahrscheinlich ist auch sie gerade dabei, ihn abzunehmen. eine thailändische krankenschwester kommt auf uns zu. sie trägt einen haarschutz von der art, wie er in operationssälen verwendet wird. wir stehen kurz vor unserer ersten medizinischen versorgung. hinter uns hat sich eine frau, die weiße gummihandschuhe trägt, erschöpft in den sand gesetzt. auf anderen matratzen warten weitere verletzte. ein mann steht mit einer kastentür da. solche türen wurden als tragen für verletzte und tote verwendet. die gruppe wird überragt von den charakteristischen felsen der lohdalum-bucht.

12

am abend gehen wir noch einmal in die *tapear tattoo bar*. die musik ist laut, wieder wird reggae gespielt. es sind nicht viele menschen da. einige liegen in den hängematten, andere haben sich auf den mit decken und kissen ausgepolsterten liegeflächen ausgestreckt. die stühle und sitzbänke sind frei. der wirt freut sich, dass wir zurückgekommen sind. er schüttelt uns die hand. auch seine töchter schütteln uns die hände und lachen. wo ist das baby, fragt edith. es schläft mit der mutter da drin, sagt er und zeigt auf die tür hinter der küche, in der er zu mittag das baby abgeliefert hat. vielleicht sehen sie aber auch fern, fügt er hinzu. beides dürfte bei der lauten musik nicht ganz einfach sein.

wir studieren die getränkekarte. edith bestellt eine piña colada. ich erkundige mich, wie der cocktail *sex on the beach* gemixt werde. der thailändische barkeeper sagt, *sex on the beach* sei hier ein überraschungsdrink. er mixe das individuell, je nach gast. und so bestelle ich es. er gießt so ziemlich aus jeder flasche einen schluck in den shaker, und dann schüttelt er den becher zum rhythmus der musik, mit einer ausdauer, als wollte er uns den reggae ohne diese zusätzlichen *drums* für den rest des abends nicht mehr zumuten.

neben uns bestellen ein schwede und ein engländer gleich eine ganze flasche einheimischen *sang-som*-whisky und dazu zwei dosen cola. eine der beiden wirtstöchter bringt einen plastikkübel mit eis. dort wird dann alles hineingeschüttet und mit strohhalm getrunken. der schwede lässt mich kosten.

das billigste getränk, sagt er. das trinken hier alle.

das getränk wird *swedish bucket* genannt und normalerweise gleich im plastikkübel mit trinkhalmen serviert. mir sind diese sandkübel schon vor einem jahr, bei unserem rundgang am heiligen abend, aufgefallen, aber ich wusste nicht, was die menschen daraus tranken.

der schwede erzählt mir, dass er von februar bis mai hier war, um bei den aufräumarbeiten zu helfen. deshalb bekomme er hier alles billiger. (tatsächlich hatte ich mich schon gewundert, warum er für die flasche *sang som* und die beiden dosen cola nur zweihundert baht zu bezahlen hatte). sein freund, der engländer, ist offenbar für die tattoos zuständig, die in der bar als nebengeschäft angeboten werden. er zieht sein t-shirt in die höhe und zeigt mir seinen vollkommen zutätowierten oberkörper. zwischendurch spielen der schwede und der engländer darts. die beiden wirtstöchter schauen interessiert zu.

ein neuer barkeeper beginnt seine arbeit, ein weißer rastamann. er wirkt, als könne ihn nichts auf der welt aus der ruhe bringen. zwischendurch schlüpft er in die koje hinter der holztreppe zum obergeschoss, um die musik zu wechseln. doch dann stellt er die musik ab und legt ein mikrophon auf den boden. er nimmt ein langes bambusrohr von der wand, dem er, in der haltung eines schweizer alphornbläsers, tiefe, pulsierende töne entlockt. der klang erinnert mich am ehesten an maultrommeln. später erklärt er mir, dass dieses etwa zwei meter lange rohr eigentlich ein instrument der australischen aborigines sei. er lässt es mich ausprobieren. der rastamann, so finden wir heraus, stammt aus italien. er lebt seit zehn jahren auf phi phi island. davor ist er durch die welt gezogen, hier ist er hängen geblieben. als der tsunami kam, lag er noch im bett. er hatte glück, denn er wohnte in einer billighütte oben am berghang.

als ich nun ebenfalls ein whisky-cola bestelle, meint der rastamann, ich solle mir doch gleich eine flasche *sang som* und eine dose cola kaufen, da hätte ich mehr davon und käme billiger. ich will aber nicht aus einem sandkübel trinken, sondern aus einem glas. dem rastamann ist alles recht. neben uns wird einem australischen jugendlichen ein tattoo auf die wade gestochen. zwei mädchen schauen rauchend zu und fotografieren. *you look so sexy*, sagt die eine immer wieder. die wirtsfrau kommt mit dem baby aus dem raum hinter der küche und verschwindet über eine treppe nach oben. wir verabschieden uns.

entlang des weges, der hinter der *tapear tattoo bar* beginnt, gibt es einen wildwuchs von billiggeschäften, einfachen holzhütten, zelten, kneipen und imbissbuden. wir kaufen im preiswertesten lebensmittelmarkt, der uns bislang untergekommen ist, eine flasche gin und ein paar tonics. an der kasse sitzt ein mann. daneben liegen eine frau und zwei kinder auf pritschen und sehen fern. mir fällt die lange narbe am knie der frau auf. ich blicke mich im raum um und sehe durchbrochene ziegelmauern, die mit beton aufgefüllt wurden. ich deute auf die narbe der frau und frage, ob das der tsunami war. und dann erzählt sie davon. nicht traurig, sondern lachend. die kinder schauen weiter auf den fernsehapparat. sie wurde im zusammenstürzenden haus eingeklemmt und konnte sich erst im letzten augenblick losreißen. später wurde sie im krankenhaus von krabi operiert. sie trägt nun metallplatten im bein und muss noch ein zweites mal operiert werden. wir sind glücklich, sagt sie. wir haben überlebt.

sie blickt ihre beiden kinder an und streichelt ihnen über die köpfe. die sind aber so gebannt von den fernsehbildern, dass sie die geste ihrer mutter gar nicht zu bemerken scheinen.

an einem stand kaufen wir ein paar dvds. wir wollen am weg, der am wasserreservoir vorbeiführt, zu unserem hotel zurückgehen, aber der weg ist vom heutigen regen so mit pfützen gefüllt, dass wir bald umdrehen und uns den neu asphaltierten touristenpfaden anvertrauen.

am nächsten tag kehren wir hierher zurück. edith geht diesen weg zum ersten mal, sie war, als ich ihn am weihnachtstag hinter den bungalows des *charlie-resorts* entdeckt hatte, nicht dabei gewesen. am anfang des weges, hinter der *tapear tattoo bar*, gab es auch damals schon viele kleine geschäfte. je weiter man sich von der bucht entfernte, desto primitiver wurden die behausungen. es waren wellblechhütten und zusammengenagelte holzbuden. am weg entlang standen auch einige reihen einfacher bungalows, in denen jugendliche bei offener tür ihren kater ausschliefen, die kleider auf einen bunten haufen geworfen. an den geländern der holztreppen hing wäsche zum trocknen. dann kam ich zu einem großen wasserbecken, das von zwei uniformierten männern bewacht wurde, die im schatten eines häuschens saßen und rauchten. es war das nutzwasserreservoir von phi phi island. am anderen ufer erstreckte sich eine barackensiedlung.

ein jahr danach ist das nutzwasserreservoir eine ausgebaggerte schlammgrube und die barackensiedlung ist verschwunden. in ihr waren die bauarbeiter aus dem norden thailands untergebracht. sie hatten am vorabend gefeiert und sich am zweiten arbeitsfreien tag gründlich ausschlafen wollen. als der tsunami kam, waren die meisten von ihnen noch auf ihren liegen. sie wurden mit den über ihnen zusammenbrechenden hütten ins nutzwasserreservoir hineingespült.

das nutzwasserreservoir war der schrecklichste anblick, der einem nach dem tsunami auf phi phi island widerfahren konnte: ein see von müll und leichen. etwa sechzig tote trieben im wasser. am anfang waren die leichen kaum vom müll zu unterscheiden. aber innerhalb weniger stunden blähten sich die körper auf, als wären sie schwimmende luftballons. im laufe der nächsten wochen wurde die dreifache menge an leichen aus dem becken herausgebaggert. von den bauarbeitern aus dem norden thailands haben nur ganz wenige überlebt.

nach einem jahr stehen am rande dieser dreckgrube immer noch menschen und schauen in ihre erinnerungen hinein. an der stelle der barackensiedlung erhebt sich nun das skelett eines zweistöckigen betonbaus, daneben sind kleine, knapp nebeneinander stehende bungalows errichtet worden. sie sind noch ohne türen und fenster. das pumpenhaus, in dessen schatten die wachposten saßen und rauchten, ist renoviert und neu gestrichen worden. durch die betonierten lamellenschlitze sind aber keine pump- oder filtrieranlagen zu sehen, sondern vorläufig nur hohe stapel von aufgeschichteten zementsäcken. ein schild weist darauf hin, dass die wiedererrichtung der nutzwasseraufbereitung durch einen *tsunami relief grant* der dänischen regierung ermöglicht wird.

es gab drei extreme todeszonen auf phi phi island. die eine war hier im bereich des nutzwasserreservoirs, eine andere war ziemlich genau in der mitte von ton sai village, wo die beiden wellen sich trafen und die höhere die niedrigere überrollte. dort wohnten in einer hüttensiedlung die angestellten der umliegenden hotels und zum teil auch ihre familien. heute ist dort ein freier platz, auf dem immer noch müllhaufen liegen. die aufeinandertreffenden wellen hatten die hütten in kleinteile zerlegt und die wellbleche und pfosten wie geschosse durch die gassen gejagt. wer von dort nicht rechtzeitig fortlief, hatte kaum eine überlebenschance. die dritte todeszone war im bereich des *princess*- und des *charlie*-hotels. auch dort wurde das areal leergefegt. und dort waren es vor allem touristen, die starben.

am rande des *princess*-geländes wurde ein *tsunami information center* aufgebaut. es stellt fotos der zerstörten insel aus und gibt informationen über den ablauf der katastrophe. wie viele tote es auf phi phi island insgesamt gab, habe ich nicht herausfinden können. die niedrigste zahl, die ich fand, war tausendfünfhundert, die meisten menschen, mit denen ich sprach, nannten aber zweitausendfünfhundert oder sogar dreitausend tote. immer noch gelten hunderte personen als vermisst.

am glaubwürdigsten scheint mir die auskunft der tsunami-hilfsorganisation *hi phi phi*. sie gibt an, dass nach dem tsunami auf der insel achthundertfünfzig tote körper gefunden wurden und dass darüber hinaus etwa tausenddreihundert menschen als verschwunden gelten. die meisten von ihnen hat es ins meer hinausgerissen. noch monate später wurden am strand körperteile angeschwemmt, die sich manchmal identifizieren ließen.

nach einer lesung an der *northwestern university* nördlich von chicago erzählte mir ein zuhörer, dass auch ein bewohner von evanston, ben abels, in thailand ums leben gekommen sei. der zuhörer meinte sich zu erinnern, ben abels sei auf phi phi island gewesen. ich recherchierte und fand heraus, dass er sogar bei uns im *princess* gewohnt hatte, in bungalow 155. seine freundin elizabeth überlebte mit einem verletzten arm und einem zerfetzten bein, das in einer achtstündigen operation gerettet werden konnte. ben abels blieb lange verschwunden. seine familie beauftragte zwei private suchdienste und ein forensisches labor, das in seinem zimmer nach fingerabdrücken suchte, um sie mit denen verstümmelter körper in thailand zu vergleichen. ihre intensiven bemühungen, überreste des sohnes zu finden, blieben monatelang erfolglos. bis anfang märz 2005 rumpf- und kopfteile angespült wurden, die anhand der zahnstellung als reste des körpers von ben abels identifiziert werden konnten.

13

mein spaziergang am weihnachtstag 2004 führte mich am nutzwasserreservoir vorbei und dann einen leichten hügel hinauf zu einer weiteren bungalowsiedlung. nebenan war eine staubige, ausgebrannte wiese, auf der jugendliche in der nachmittagshitze fußball spielten. einen moment überlegte ich, ob wir uns nicht hier in der zweiten woche niederlassen sollten. dann war mir das ganze aber zu schmuddelig und zu weit vom meer entfernt.

ich kam zur moschee. hier residierte mhad tamnakala, der imam von koh phi phi. seine eltern gehörten zu den ersten sechs muslimischen familien, die phi phi island vor sechzig jahren besiedelten. sie pflanzten die palmenplantage auf der landenge. der vater war der erste imam von koh phi phi. er erlebte noch den umbruch der insel in den achtziger jahren, als die zwei falafel-buden, die es damals gab, abgelöst wurden von hotels, restaurants, bars und als mit ihnen neue sitten einzug hielten: alkohol, prostitution, schweinefleisch. mhad tamnakala sieht im tsunami die gerechte strafe für den sittenverfall auf der insel. ich las das in einer reportage, die alexander osang für den *spiegel* vorbereitet hatte, die dann aber, weil das publizistische tsunami-geschäft mittlerweile vorbei war, nicht mehr gedruckt wurde.

gleich hinter der moschee begann das touristische leben der ton-sai-bucht. ich schlenderte an den verkaufsständen und massagesalons vorbei, bis ich auf ein reisebüro stieß. das brachte mich auf die idee, wegen der unterkunft in der zweiten woche nachzufragen. vielleicht hatten sie ja auch ein einfaches privatquartier anzubieten. ich stellte meine sandalen beim eingang ab und stieg die zwei stufen zum offenen büroraum hinauf. ein mann und eine frau saßen an ihren schreibtischen und hatten gerade mit anderen kunden zu tun. ich musste warten. ein handwerker war mit der verlegung einer neuen telefonleitung beschäftigt.

es ging hier alles nur schleppend voran. wenn die frau telefonierte, konnte der mann nicht telefonieren und umgekehrt. aber ich hatte ja weiter nichts zu tun, und so sah ich mir ein paar reiseprospekte an und beobachtete die menschen auf der straße.

ein thailänder kam mit einer gepäckkarre um die ecke, ihm folgten zwei männer, allem anschein nach vater und sohn. sie zogen meine aufmerksamkeit auf sich, weil ich den vater im ersten moment für meinen dänischen freund claus clausen hielt. ich erkannte meinen irrtum schnell, aber die ähnlichkeit war dennoch verblüffend. auch dieser mann war offenbar skandinavier und mitte fünfzig. und auch er trug seine schon stark ergrauten haare, wie es sich für einen *achtundsechziger* gehört, immer noch etwas länger. dazu ein dreitagebart und ein sehr gepflegtes outfit mit leinenhose und offenem hemd.

der junge mann an seiner seite trug eine skaterhose und hatte lange, blonde dreadlocks. vater und sohn, so vermutete ich, waren gemeinsam in urlaub gefahren und nun zu ihrem privatquartier unterwegs. sie unterhielten sich und lachten. ich sah ihnen nach und hatte das gefühl, die beiden machen alles richtig. ich beneidete sie ein wenig und wusste gar nicht, warum.

zwei tage später sah ich sie wieder. das war in der bar des *maritime-park-hotels* in krabi. wir hatten spät am abend auf einem mattenlager im speisesaal unterkunft gefunden. eine ärztin hatte uns valium-tabletten gegeben. ich nahm meine tablette nicht gleich, sondern machte noch einen spaziergang. überall stieß ich auf verzweifelte menschen, die ihre angehörigen verloren hatten. ich sprach mit einigen. dann ging ich in die hotelbar, immer noch in meinem grünen iowa-shirt, eine andere kleidung besaß ich nicht. ich hatte das t-shirt ein paar stunden zuvor an der wasserleitung in einem buddhistischen kloster gewaschen. nun stank es nicht mehr so deutlich nach kloake. in der bar lief auf einem großen bildschirm die *cnn*-berichterstattung über den tsunami. ich sah eine weile zu. gerne hätte ich ein bier getrunken, aber ich konnte nichts bestellen, weil ich kein geld hatte. da erblickte ich schräg hinter mir den skandinavier mit seinem dreadlock-sohn. es war schön, sie wiederzusehen.

ich sagte ihnen, dass ich sie auf phi phi island beobachtet hatte. der mann erzählte mir, dass er mit seinem privatboot nach phi phi gekommen war und ohnedies nur eine nacht hatte bleiben wollen. am morgen seien sie wieder losgefahren. die welle habe sie auf dem weg nach krabi eingeholt. als er sie von hinten kommen sah, habe er das boot herumgerissen, zu seinem sohn gerufen, er solle sich auf den boden werfen, und dann sei er mit viel glück auf die welle hinaufgefahren.

mein *achtundsechziger* war ein schwede. er war, ganz anders als mein freund claus clausen, kein linksintellektueller, sondern ein begüterter geschäftsmann. ich mochte ihn trotzdem. nicht nur, weil er mich auf ein bier einlud.

als ich in den abgedunkelten speisesaal, in dem gut zweihundert menschen am boden lagen, zurückkam, hatte ich anfangs probleme, unser lager wiederzufinden. es gab eine schummrige notbeleuchtung, aber ich irrte dennoch eine weile zwischen den vielen körpern herum und ärgerte mich, dass ich mir die position unseres platzes nicht besser eingeprägt hatte. als ich meine matte schließlich fand, sah ich, dass edith und die kinder schon fest schliefen. ich nahm das valium, legte mich hin und brach plötzlich in tränen aus.

14

der skandinavier und sein sohn waren samt der gepäckkarre längst verschwunden, als der angestellte des reisebüros endlich zeit fand, sich um mich zu kümmern. nach mehreren telefonaten erklärte er mir, auf phi phi sei für die nächste woche alles ausgebucht. er glaube auch nicht, dass wir privat ein quartier finden würden. er zeigte mir kataloge mit unterkünften auf benachbarten inseln. abgebildet waren vor allem bungalow-resorts. ich las die beschreibungen, versuchte anhand der bilder die lage einzuschätzen, und ich entschied mich schließlich für ein quartier auf lanta island. der mann telefonierte und fand heraus, dass es schon vergeben war. ich suchte mir ein anderes hotel auf lanta island aus, und diesmal klappte es.

der mann drängte, dass ich mich sofort entscheide. ich wollte aber vorher noch mit den meinen reden und auch das angebot unseres hotels abwarten. der mann war sichtlich verärgert, als ich meine sandalen anzog und ging. ich weiß nicht, was aus ihm geworden ist. am nächsten tag war das reisebüro jenseits meiner erkundungszone. es war zu weit hinter den müllbergen. und ein jahr später war es nicht mehr auffindbar.

als ich am ende meines weihnachtsspaziergangs zu unserem hotel zurückkam, bekam ich von der gleichen rezeptionistin, die ich schon am vortag beim einchecken bewundert hatte, einen brief mit wohnvorschlägen für eine verlängerungswoche. wir hätten auf jeden fall die bungalows wechseln müssen. zur wahl standen zwei der billigeren reihenbungalows, allerdings nicht nebeneinander gelegen, oder ein luxusbungalow, kombiniert mit einem reihenbungalow. ich machte mich auf den weg zum strand, fand edith unter einem baum und begann mich mit ihr zu beraten, wo wir nun in der zweiten woche wohnen sollten. wir kamen zu keinem entschluss. auch nicht, als wir zur happy hour in eine bar gingen und über zwei *mojitos* die beiden angebote miteinander verglichen. vielleicht, so überlegten wir, sollten wir es so machen wie dominikas eltern und am nächsten tag mit einem longtailboot die küste entlangfahren, um zu sehen, ob nicht doch irgendwo eine privatunterkunft aufzutreiben war. vielleicht fanden wir ja sogar das hippie-resort, an das ich vergeblich e-mails geschrieben hatte.

während wir in dieser bar hin und her überlegten, erkundeten unsere kinder in den geschäftigen gassen die billigen cd- und dvd-sortimente. elias stieß auf eine gesamtausgabe der tv-serie *friends*, die wir uns in unserem new yorker jahr abend für abend gemeinsam angeschaut hatten. aber er konnte sie nicht gleich kaufen, sein geld war ja im tresor eingeschlossen.

15

am morgen des 26. dezember wachte edith um etwa acht uhr auf, weil sie das gefühl hatte, der raum wackele. bis sie wach genug war, um sich umzuschauen, war aber von einem wackeln nichts mehr zu bemerken. sie dachte, es könnte ein erdbeben gewesen sein. vor jahren hatte sie das auch einmal in wien erlebt. sie war mitten in der nacht aufgewacht, am vormittag wurde dann in den nachrichten von einem schwachen erdbeben berichtet, das aber in unserem bekanntenkreis sonst niemand wahrgenommen hatte. edith war nicht alarmiert. da sie nun schon wach lag, grundlos, wie es schien, nutzte sie die gelegenheit, um auf die toilette zu gehen, dann legte sie sich wieder hin. sie wollte noch ein stündchen schlafen.

frühstück gab es im *princess* nur bis zehn. das war uns

gleich am anfang unangenehm aufgefallen, aber es hatte offenbar damit zu tun, dass es keinen eigenen frühstücksraum gab und im restaurant rechtzeitig das mittagsbüffet aufgebaut werden musste. wir zweifelten, ob unsere kinder zum frühstück kommen würden. als wir um etwa ein uhr in der nacht unsere terrasse verlassen und die vorhänge zugezogen hatten, waren sie noch nicht zurück gewesen. um halb zehn rief edith sie an. sophie kam als erste. elias wollte eigentlich noch ein weilchen schlafen, kam aber dann doch, weil er befürchtete, allein den weg zum speisepavillon nicht zu finden. wir waren bisher erst einmal dort gewesen, zum frühstück am vortag.

im strandrestaurant fanden sich nur wenige frühstücksgäste. edith und ich hatten an diesem morgen einen verstimmten magen, ohne jedoch zu wissen, worauf das zurückzuführen war. wir hatten an den beiden weihnachtsabenden gut gegessen, vor allem fischgerichte und meeresfrüchte. vielleicht wäre es angebracht gewesen, sich bei den salaten zurückzuhalten. ich aß wenig und trank etwas lustlos meinen kaffee. wir kannten niemanden. emine und claude waren nicht hier. am vortag hatten wir sie sowohl beim frühstück als auch beim abendessen getroffen. am nebentisch saß ein schwerer, fast kahler weißer mann mit einer schmalen thailänderin. sie redeten deutsch miteinander. mir kam der sketch von gerhard polt in den sinn, in dem ein deutscher über seine thailändische freundin wie über ein braves hündchen redet.

vor uns am strand hatten sich die ersten badegäste unter den mangrovenbäumen und palmen niedergelassen, einige auf liegestühlen, die nicht zum hotel gehörten und für die extra zu bezahlen war, die meisten auf badetüchern. ein mann setzte seine kleine tochter auf eines dieser überdimensionalen schwimmenden dreiräder und schob sie im wasser hin und her. es war flut. das wasser hatte nur einen leichten wellenschlag. es würde ein schöner badetag werden.

elias und sophie erzählten uns, wie sie den abend verbracht hatten. sie waren zuerst in der *monkey bar* am ende der lohdalum-bucht gewesen, und sind später, da dort nicht allzu viel los war, in die *reggae bar* gegangen. *reggae bar*, das klang gut, da wollte ich auch hingehen.

wir redeten darüber, wo wir die zweite woche verbringen würden. ich erzählte von den bisherigen angeboten. wir sollten hier nicht verlängern, sagte ich, sondern, wie ursprünglich vereinbart, etwas billiges suchen. daraufhin wandte sich sophie an elias: du hast uns das alles eingebrockt. sonst könnten wir einfach hier in diesem schönen hotel bleiben. und dann sagte edith, elias solle sich gefälligst an der suche beteiligen. er könnte zum beispiel, wenn schiffe kommen, zur mole gehen, um zu sehen, ob dort jemand ein quartier anbietet. elias gefiel die idee gar nicht. ich setzte noch einen drauf: dann kannst du auch gleich zur rezeption gehen und dir den safe aufsperren lassen.

heute bin ich froh, dass er weder zur mole noch zur rezeption gegangen ist.

knapp nach zehn uhr kamen noch einige junge leute ins restaurant, die letzten frühstücksgäste. wir sprachen darüber, was wir an diesem tag machen sollten, vielleicht einen ausflug mit einem longtailboot, an der küste entlang. aber erst später, vorher wollte ich noch abwarten, wie sich meine magenverstimmung entwickeln würde.

die kellner nahmen an den nebentischen platz und begannen nun selbst zu frühstücken. wir verließen das strandrestaurant und gingen zurück in unsere bungalows. wir merkten nicht, dass sich das wasser zurückzog. edith legte sich aufs bett, sie hatte bauchschmerzen. ich nahm den hotelprospekt zur hand, setzte mich zu ihr und las ihr vor, welche aktivitäten angeboten wurden. schon in aller früh strandjogging und yoga. die terrassentür stand einen spalt offen. da war von draußen plötzlich lärm zu hören. menschen liefen vorbei. edith sagte: da kommen schon die jogger. ich schaute hinaus. was ich sah, verwirrte mich. es waren vor allem einheimische, die hier liefen. darunter viele hotelangestellte in ihren uniformen. ich ging auf die terrasse hinaus. die vorbeilaufenden riefen einander etwas zu, das ich nicht verstehen konnte. plötzlich war mir klar, dass die menschen in panik waren, dass sie um ihr leben liefen. edith war inzwischen auf die terrasse nachgekommen. wir standen einen moment wie angewurzelt da und wussten nicht, was vorging. heute bilde ich mir ein, dass uns jemand zuwinkte oder zurief, wir sollten mitlaufen.

da ist etwas passiert, sagte ich. aber ich hatte keine ahnung, was es sein könnte. ich sah sophie nebenan auf der terrasse stehen. ich rief ihr zu: kommt schnell, wir müssen rennen.

und dann sah ich hinter den menschen, die an uns vorbeiliefen, wasser fließen. nicht einmal kniehoch. es wirkte nicht bedrohlich. es rann den weg entlang. aber die menschen liefen so schnell, als gäbe es da noch eine ganz andere bedrohung. der schrecken stand in ihren gesichtern. sie schrien durcheinander. sophie holte elias aus dem bungalow.

schnell, rief ich, wir müssen rennen.

das wasser floss nun nicht mehr nur den weg entlang, sondern kam auch über den rasen und über die blumenbeete. wir liefen den anderen nach, zuerst den weg nach links, dann nach rechts, auf treppen zu, die zur terrasse eines zweistöckigen gebäudes führten. dieses gebäude schloss an unsere empfangshalle an. es war ein magazin- und verwaltungsbau des *princess*-hotels. hinter diesem gebäude war ein etwa drei meter breiter durchgang und dahinter stand das vierstöckige *phi-phi*-hotel.

als wir die treppe des verwaltungsgebäudes vor uns hatten, war sie schon überfüllt, und es kamen von allen seiten immer mehr menschen dazu. sie stauten sich vor den stufen. wir drängten und wurden gedrängt, kamen aber nicht voran. vom strand waren schreie zu hören. der strand war nicht weit weg von hier, vielleicht hundert meter. man konnte ihn nicht sehen, es standen bungalows davor.

ich blickte zurück und sah plötzlich das wasser kommen. es schwappte zwischen den bungalows durch. die menschen drängten auf die stiege zu. hurry! rief ich, hurry! unsere kinder waren, in laufrichtung gesehen, rechts von mir, sophie ein stück weiter vorn, schon nahe am treppengeländer, elias weiter hinten. sophie wurde im allgemeinen gerangel zur seite geschoben, während von dort leute zur stiege hindrängten. sie schrie: ich werde zerdrückt! elias wurde in die andere richtung abgedrängt. ich rief immer wieder hurry!, aber wir waren einfach zu viele und es ging nichts mehr weiter. wir standen schon im wasser. es war noch nicht hoch, zwanzig zentimeter vielleicht. edith war links hinter mir. jemand hatte sich zwischen uns geschoben. das wasser wurde laut. ich drehte mich um. ich erlebe es immer noch wie in zeitlupe: es ist keine mächtige, aufgetürmte welle, sondern es ist ein schäumendes, steil ansteigendes wasser, das unter den gegenständen, die es erfasst hat, hindurchschlüpft und auf uns zukommt. ich sagte zu edith: das wird ganz ganz schlimm. um uns herum die schreie und das gedränge, jeder wollte so schnell wie möglich diese treppen hinauf. edith sagte: bitte, bleib bei mir. irgendjemand stand zwischen uns. ich streckte den arm hinüber, wir nahmen uns bei der hand, in diesem moment erreichte uns die wasserwalze. sie hatte einen starken zug und war wie ein schnell ansteigender fluss. sie hob uns aus. wir wurden die stufen hinaufgespült.

edith erinnert sich, dass sie zu den kindern blickte und dass sie es als tröstlich empfand, dass sie nahe beisammen waren. die gerade noch mit menschen verstopfte treppe war plötzlich leer. immer noch hielt ich edith an der hand. mit der anderen hand versuchte ich, mich am geländer festzuhalten, wurde aber fortgerissen. ich hatte, als es uns wegspülte, für einen moment gedacht, ich könnte am absatz, wo sich auf halber höhe ein betongeländer befand, einfach aus dem wasser steigen und dann in die andere richtung die stufen weiter hinaufgehen. aber nun stieg das wasser so schnell an und war gleichzeitig so reißend geworden, dass ich keine chance hatte, auf die beine zu kommen. ich versuchte mich wenigstens am betongeländer festzuhalten. es ragte noch aus dem wasser, als wir darauf zutrieben. ich griff danach, da verschwand es auch schon unter wasser. ich hakte mich mit der kniebeuge an der brüstung fest.

bis dahin hatte ich das gefühl gehabt, etwas tun zu können, der situation nicht ausgeliefert zu sein. jetzt merkte ich, wie machtlos ich war. ich verlor edith von der hand, das wasser drückte mich nach hinten über die betonbrüstung, schwappte über mich hinweg. ich war plötzlich unter wasser und spürte auch, dass das wasser nicht einfach wasser war, sondern dass es voll war mit gegenständen, die auf mich einschlugen. ich musste die kniebeuge öffnen und die betonbrüstung loslassen.

als ich hochkam, sah ich edith nicht mehr, aber ich sah andere menschen zwischen holztrümmern und wellblechen. das wasser staute sich an der mauer des *phi-phi*-hotels, die trümmer kamen unaufhörlich auf uns zu und wurden in die gasse zwischen hotel und verwaltungsgebäude hineingeschwemmt. ich erinnere mich an ein halbes bungalowdach, das auf mich zutrieb und auf das menschen hinaufkletterten. ich griff danach und versuchte ebenfalls hinaufzuklettern, aber dann waren schon zu viele oben, das dach kippte auf mich zu und drückte mich hinunter. ich wurde von einem strudel aus schlamm und müll fortgerissen. ich war unter wasser, es wirbelte mich herum, als wäre ich in einen mixer geraten. andauernd wurde ich von irgendwelchen trümmern getroffen, dann kurz nach oben gespült und von einem sog wieder nach unten gezogen. ich konnte nichts sehen, bekam wasser in den mund und wusste plötzlich nicht mehr, wo oben und unten ist.

in diesem moment erfasste mich die angst, dass es nicht zu schaffen war. und dann der klare gedanke: das ist jetzt das ende. diese erkenntnis kam zwar schockartig, aber ihr folgte keine verzweiflung. es war eher eine art bedauern darüber, dass ich nicht anders sterben darf, sondern hier im dreck verrecken muss. es war das gefühl eines absolut unwürdigen endes. mit bedauern meine ich eine art melancholischen abschiedsblick, weil ich mir vom leben ein falsches bild gemacht hatte. weil ich gedacht hatte, dass es um irgendetwas gehe. nun sah ich mich ein teil des dreckes werden, der mich umgab. und ich wusste, dass ich in wirklichkeit nie mehr gewesen war. und dann der entschluss, bis zum ende zu kämpfen. solange du dich rühren kannst, sagte ich mir, musst du versuchen, hier rauszukommen.

dieser kampf spielte sich etwa auf höhe der zimmerdecke außen am *phi-phi*-hotel ab. irgendwie erwischte ich ein stromkabel, das dort an der mauer entlangführte, und klammerte mich daran fest. ich hatte plötzlich einen halt, wusste wieder, wo oben und unten ist, und konnte den wasserwirbeln mit eigener kraft widerstehen. ich wollte auftauchen, aber ich kam nicht hoch. da war etwas über mir. ich versuchte, es wegzuschieben, aber das ging nicht. es war eine platte, die sich irgendwie an der mauer und in dem anderen müll verkeilt hatte. mit der rechten hand hielt ich mich am stromkabel fest, mit der linken versuchte ich, das hindernis zur seite zu drücken. immer wieder. ich spürte keinen schmerz, aber ich merkte, dass die finger versagten. ich durchschnitt mir am wellblech mehrmals die sehnen. aber es gelang. ich konnte das dach wegschieben und auftauchen.

ich war inmitten eines sperrmüllhaufens, eines berges von brettern, stangen, plastik- und metallteilen, die sich an der hotelmauer stauten und übereinander türmten. wenigstens war mein kopf über wasser, ich atmete durch. da tauchte plötzlich auch edith aus diesem loch auf. sie war, so wie ich, vom strudel, der sich hinter der treppe gebildet hatte, ins wasser hinabgezogen und dann von der strömung zur gleichen stelle transportiert worden. auch sie hatte geglaubt, nun komme das ende. auch sie hatte gedacht: in diesem dreckigen wasser muss ich nun verrecken, weil ich es nicht geschafft habe, die stufen hinaufzukommen. sie dachte, dass die kinder sie nun verlieren würden, und sie fand ein wenig trost darin, dass die kinder nicht mehr klein waren. sie kann sich erinnern, dass über ihr alles zu war und dass sie sich schon aufgegeben hatte. dass sie auf einmal den kopf durch einen spalt stecken konnte und wieder luft bekam und bei mir war. sie weiß nicht, wie lange sie unter wasser blieb. und ich weiß es von mir auch nicht. ich wähnte mich am ende meiner möglichkeiten. eine minute lang zu tauchen ist für mich kein problem, also wird es wohl eine minute gewesen sein, oder kürzer. ich hatte ja sicher keine möglichkeit gehabt, vorher richtig luft zu holen. in der erinnerung ist es mir, als sei in den paar sekunden, in denen ich meinte, dem tod ins auge zu sehen, die zeit angehalten worden.

16

sophie:
ich habe mich für den strand fertig gemacht. ich wollte zu dem baum gehen, unter dem ich am tag davor war. elias hat sich noch einmal ins bett gelegt, und ich habe meinen rucksack gepackt. fotoapparat, ein buch über che guevara, das mir meine freundin fabi geliehen hat, unterlagen für meine fachbereichsarbeit, einen block und einen stift, sonnenbrille, meinen mp3-player. ich habe gerade die tür aufgemacht, um zu gehen. da sehe ich diese leute vorbeirennen. ich bin vor schreck ein paar schritte zurück und hab die tür wieder zugemacht. weil so viele leute vorbeigerannt

sind. es sah gefährlich aus. als erstes habe ich gedacht, dass die von irgendeinem tier verfolgt werden. dann bin ich noch einmal auf die terrasse hinausgegangen und habe zu euch hinübergeschaut. da bist du gerade herausgekommen und hast gerufen: laufen. wir müssen laufen. ich bin zu elias zurück, der ist noch immer im bett gelegen. er wollte sich ein t-shirt anziehen. ich habe gesagt, nein, lass es, komm. dann sind wir den leuten nachgelaufen. auf diese stiege zu. ich wusste nicht, warum ich lief. irgendwann habe ich mich umgedreht und habe so ein bisschen wasser gesehen. es ist den weg entlanggeronnen. aber das sah nicht gefährlich aus. und dann waren wir vor den stufen und es ist nichts mehr weitergegangen. die leute haben gedrängt und gerufen, dass die da vorne weitermachen sollen. du hast auch gerufen. ich habe mich umgedreht und habe euch noch gesehen. elias war knapp hinter mir. und dann weiß ich nicht mehr viel.

ich habe nur gespürt, dass ich auf einmal im wasser gestanden bin und meine flip-flops verloren habe und dass das wasser immer mehr gestiegen ist. einen flip-flop habe ich noch eine zeit lang gehabt, der andere war schon weg. das war mir am anfang wichtig, die flip-flops nicht zu verlieren. und dann ist das wasser höher und höher gestiegen, ich hab mich am geländer hinaufgezogen und dann hinaufgehangelt zum nächsten geländer. beim klettern habe ich meinen rucksack verloren. das wasser ist schnell gestiegen, und da habe ich meinen rucksack schwimmen sehen, der hat sich unter mir beim geländer gestaut, und so habe ich ihn schnell rausgezogen, bevor er weggespült wurde. am schluss war die ganze stiege unter wasser, und ich habe niemanden mehr von euch gesehen. es waren leute da, ein amerikaner war da und andere leute. die haben auf das wasser hinausgestarrt. ich auch. aber ich weiß nicht mehr, was ich gesehen habe. ich habe kein bild mehr, es ist einfach weg.

es waren viele leute auf der terrasse. aber auf einmal waren es weniger. die haben angefangen, höher zu klettern, aufs dach hinauf. und dann habe ich euch auf der mauer vom *phi-phi*-hotel gesehen. wir haben uns zugerufen. aber der elias war nicht da.

dann war in der ferne die zweite welle zu sehen. der amerikaner hat versucht, mich zu beruhigen. ich habe gefragt, wie hoch sie ist. und der amerikaner hat gesagt, die wird eh niedriger sein. und dann habe ich elias erblickt. er ist irgendwo zu uns heraufgezogen worden. plötzlich war er da. ich bin dann auf das geländer gestiegen, weil ich weiter oben sein wollte. ich wollte, dass auch er höher steigt, aber es hat ja nicht viel gegeben, nur dieses geländer. und dann ist die welle gekommen, und ich habe gesehen, dass sie alles mitnimmt. den ganzen schmutz, den müll und alles. und da habe ich ur angst gekriegt, dass sie uns wegschwappt und dass sie euch wegschwappt. und dann ist es sich aber ausgegangen. es hat nicht mehr so viel gefehlt, dass sie über die terrasse geschwappt wäre. da ist dann ein kind gelegen, das haben sie mund zu mund beatmet. es war ein ganz kleines kind. und in den zimmern sind auch leute gelegen, um die sich andere gekümmert haben.

elias und ich sind dann gemeinsam auf das dach hinaufgeklettert. aber das dach war ganz heiß. wir haben beide keine schuhe gehabt. eine frau hat mir vom phi-phi-hotel schuhe rübergeworfen, flip-flops, die waren mir aber viel zu klein. elias war noch immer barfuß, er hat es auf dem heißen dach schon nicht mehr ausgehalten. da habe ich mein t-shirt ausgezogen, damit er sich draufstellen kann.

da war noch ein vater mit seiner tochter. die wollten zwischen dem dachstuhl und dem phi-phi-hotel leintücher spannen. wir wussten ja nicht, wie wir da rüberkommen sollten. drüben waren leute bei den fenstern und auf den balkonen. sie wollten uns helfen und haben die bettwäsche zusammengeknotet. ich habe eine kleine wasserflasche im rucksack gehabt. da habe ich dann wasser getrunken und dem mann und seiner tochter zu trinken gegeben. dann habe ich zugesehen, wie man euch in den zweiten stock hinaufgezogen hat.

wir haben dann ewig herumgetan, wie wir zu euch hinüberkommen sollen. irgendjemand hat matratzen aus den zimmern gebracht und auf den müll hinuntergeworfen, damit die leute zum hotel hinüberklettern konnten. du hast immer gerufen, wir sollten hinüberklettern. aber das wollte ich nicht. ich habe so angst gehabt, da runterzugehen. ich wollte nur oben sein. am liebsten wäre es mir gewesen, wenn ich auf den leintüchern rübergekommen wäre, obwohl das ja nicht funktioniert hat.

schließlich sind wir dann doch hinunter. der elias hat ja keine schuhe gehabt. der ist ohne schuhe hinuntergestiegen. und mir hat dann ein mann ein baby in die hand gedrückt. ich wollte das baby nicht nehmen. weil ich angst hatte, ob ich da überhaupt allein hinüberkomme. und da will der mir auch noch ein baby mitgeben. er hat gesagt, ich soll es nehmen und er zeigt mir den weg, wie ich rüberkomme. er hat noch irgendetwas zu tun gehabt, ich weiß nicht was. ich habe jedenfalls plötzlich ein kleines nacktes kind in der hand gehabt. der mann hat mir den weg gezeigt, über die matratzen. drüben hat mir eine frau das kind abgenommen. wir sind durch ein fenster eingestiegen in einen grauslichen raum, in dem alles zerstört war. ich wollte möglichst schnell die stiegen hinauf, so hoch wie möglich. unten war schlamm und dreck, die stufen waren voll blut.

17

elias:
ich will darüber ungern reden, weil ich danach immer schlecht träume. vor allem, wenn ich in die details gehe. wenn ich freunden davon erzählt habe, ist es mir immer wieder passiert, dass ich in der nacht von der welle geträumt habe oder über ein anderes unglück in der familie.

nach dem frühstück habe ich mich ins bett gelegt. ich wollte noch einmal in ruhe schlafen und erst später an den strand gehen. da fängt die sophie plötzlich ur gestresst an, da ist irgendetwas, wir müssen rauslaufen. als ich dann raus bin, habt ihr gerufen, rennt, rennt, und dann habe ich auch gesehen, dass da schon andere leute rennen. wie ich dann gerannt bin, habe ich hinter uns das wasser nachfließen sehen. und ich habe mir gedacht: scheiße, da wird jetzt alles überschwemmt sein, und wir können eine weile nicht mehr in das zimmer rein. aber ich habe nicht gedacht, dass uns die welle mitreißen könnte. ich habe mich sogar gewundert, warum es die leute gar so eilig haben. es hat nach einer kleinen überschwemmung ausgesehen. ich habe mich geärgert, dass ich die tür offen gelassen habe und jetzt alles überschwemmt wird. ich wollte sogar noch zurücklaufen und die tür zumachen. erst durch das schnelle rennen und durch die schreie der leute vom strand her habe ich panik bekommen. viele leute haben geschrien. aber es war noch nicht recht klar, warum. es war irgendetwas, das auf uns zukommt. es war nicht recht vorstellbar, dass die leute nur wegen dem bisschen wasser schreien, das da zwischen den bungalows herumfloss.

aber plötzlich war ich bis zu den knien im wasser, es stieg schnell an, ich spürte den druck und dass da richtige wassermassen auf uns zukommen. ich bin dagestanden und habe im grunde nichts machen können. die stiege vor uns war total verstopft. ich bin von den leuten abgedrängt worden. da habe ich die panik bekommen. ich habe gewusst, ich muss da hinauf, aber das ging nicht. ich habe versucht, es sophie nachzumachen, die da hochgeklettert ist. es hat mich wahnsinnig geärgert, dass sie schon oben ist und ich wieder einmal nicht nachkomme. wie es in meiner kindheit ja schon öfter war, dass sophie manches besser gekonnt hat. das ist plötzlich in mir hochgekommen. und das waren eigentlich auch schon die letzten gedanken, bevor das wasser mich weggerissen hat. plötzlich haben alle geschrien.

zwei männer, so habe ich es in erinnerung, sagten: *let's go into the tunnel.* ich habe da irgendeinen raum unter der stiege gesehen. ich weiß nicht mehr genau, was das war. wahrscheinlich einfach der erdgeschossraum dahinter. ich habe gesehen, wie da ein paar männer hinein sind, vielleicht, damit der wasserdruck nachlässt. *let's go into the tunnel.* so habe ich es verstanden. sie sind da rein, und ich habe mir gedacht, lieber nicht. ich warte noch ab, was passiert. das waren so blitzgedanken. ich habe sophie gerade das geländer hinaufturnen sehen, hörte die stimmen, *let's go into the tunnel*, und dann war schon die große welle da und hat mich mitgerissen.

ich bin sicher nicht, so wie du, die stufen hinaufgeschwemmt worden. ich war mir ja lange nicht sicher, aber als ich die bilder gesehen habe, die du mir gezeigt hast, war ich sicher, dass ich an der stiege links vorbeigeschwemmt worden bin und dann hinter das haus in denselben gang hinein wie ihr. nur dass ihr noch über die stiege drüber habt müssen und ich bin gleich um die ecke geschwemmt worden. und ihr seid erst nach mir in diesen strudel reingekommen, mit dem vielen wellblech und dem ganzen zeug. ich bin unter wasser gezogen worden und nicht hochgekommen. aber nicht, weil ein dach über mir gewesen wäre, sondern der strudel hat mich unter wasser gehalten. das war, wie ich es vom atlantik kannte, wenn dich eine welle unter wasser zieht und du erst nach einer zeit wieder hoch kannst. und dann bin ich auch tatsächlich wieder hochgekommen und habe tief luft geholt. das schien mir das gescheiteste. sobald ich hochkomme, ganz tief luft holen. und dann hat mich jemand unter wasser gepackt und hinuntergezogen. an den füßen hat mich jemand erwischt und hat daran gezogen. ich habe mir gedacht, scheiße, das ist ja wie auf der *titanic*. ich habe mich an die szene erinnert, in der kate winslet unter wasser gezogen wird, von einem, der in panik ist. jedenfalls war ich plötzlich wieder unter wasser und merke, dass sich jemand an mir hochzieht, sich an mir rettet, und ich gehe unter. und da habe ich sterbensangst bekommen. ich dachte, das pack ich nicht mehr, da komm ich nicht mehr hoch. aber dann ist das wasser ruhiger geworden, vielleicht, weil es sich gestaut hat, und ich bin wieder in die höhe gekommen. das mädchen hat blonde lange haare gehabt. der habe ich die haare aus dem gesicht gestrichen und den ganzen dreck. die war völlig verdreckt. es war noch ein druck da, ein zug nach unten, aber es war ruhiger. ich habe gesagt: *i think it's over now. it's gonna be okay.* und sie hat gesagt, *no, nothing is okay*, und hat zu weinen begonnen. irgendjemand hat eine stange ins wasser gehalten und das mädchen zur hinterwand von dem gebäude hingezogen, auf das wir ursprünglich hinauflaufen wollten. das wasser war noch immer in bewegung, wie ein fluss. ich habe mich irgendwo anhalten müssen, um nicht fortgezogen zu werden. ich glaube, es war ein rohr, das ich erwischt habe, ein rohr an der wand vom *phi-phi*-hotel. ich bin mir aber nicht sicher, was das war. das muss weiter hinten im durchgang zwischen diesen beiden häusern gewesen sein. oder vielleicht war ich auch schon um die ecke drüben. in dem schlamassel habe ich nicht genau mitgekriegt, wo ich da bin. ich weiß nur, dass ich mich da angehalten habe, um nicht fortgespült zu werden. vor mir war ein offener raum, es kann auch die rezeption des *princess* gewesen sein. da hat es die wassermassen hineingeschwemmt, und ich habe gesehen, dass es leute mit hineinreißt. ich habe mich festgehalten. wie verrückt ist da das wasser hineingeströmt und hat leute mitgerissen. ich habe mich mit aller kraft an dieses rohr geklammert, damit ich nicht mitgerissen werde. das war meine größte sorge. und dann sehe ich, wie ein kind vorbeigeschwemmt wird. es hat auch geschrien. ich habe mir gedacht, das wird jetzt in diesen raum hineingezogen und säuft ab. mit einer hand habe ich mich an dem rohr festgehalten, mit der anderen habe ich nach dem kind gegriffen und habe es unter meinen arm genommen. als ich es im arm gehabt habe, hat es sich beruhigt und zu weinen aufgehört. das hat auch mir gut getan, weil das kind sich nun sicher gefühlt hat. aber dann hat sich niemand um mich gekümmert. das mädchen hatten sie nach oben gezogen. und ich war jetzt allein mit dem kind. und da habe ich eine wahnsinnige panik bekommen. dass ich jetzt mit dem kind da reingeschwemmt werde. ich habe zu schreien begonnen: *i have a child!* da sind die auf dem balkon über mir auf mich aufmerksam geworden. jemand hat sich weit heruntergebeugt, hat das kind an der hand gepackt und nach oben gezogen. aber mit mir ging das natürlich nicht. da hat jemand gesagt, ich soll zur wand hinüber, zu der von dem verwaltungsgebäude, wo auch das mädchen hochgezogen wurde. dafür hätte ich den fluss durchqueren müssen. das traute ich mich nicht. ich hatte angst, dass mein knie versagt. es war immer noch ein starker druck in diesem wasser, und mein knie hat ja schon öfter versagt. da habe ich erneut eine panik bekommen. das mädchen war gerettet, das kind, aber mich rettet jetzt niemand, habe ich gedacht. sie wollten, dass ich zur mauer hinkomme, damit sie mich hochziehen können. aber ich habe mich nicht getraut, das rohr loszulassen und habe angst gehabt, wegen meinem knie. da haben sie mir dann eine stange hingehalten und mich zur wand hingezogen. dort bin ich auf einen balkon geklettert. da ist ein kind beatmet worden, das sich nicht mehr gerührt hat. es war aber nicht dasselbe kind, das ich gerettet habe, denn das haben sie ja beim hotel hinaufgezogen. dann bin ich durch das zimmer durchgegangen und habe euch gesucht. in diesem zimmer waren ur viele leute, viel blut und viel geschrei. dann kam ich auf die terrasse und bin dort umhergeirrt und plötzlich sophie in die arme gefallen, die von der anderen richtung gekommen ist. und sophie hat gesagt, dass ihr okay seid. ich habe euch erst gesehen, als ich dann auf dem dach war. sobald ich die sophie im arm gehabt habe, sind wir da gestanden und haben gezittert. und dann ist die nächste welle gekommen. ich habe sie richtig vom meer hereinkommen sehen. außer ein paar palmen ist da nichts mehr gestanden, alle häuser waren weg. das war auch nicht so eine klassische welle, wie im film, es war wie ein breiter fluss, der auf uns zukommt. das wasser ist schnell gestiegen. der ganze müll ist noch einmal hereingeschwemmt worden. die leute sind auf die palmen geklettert. ich bilde mir ein, auf einer palme waren kleine querbalken. und da ist einer gleich hinaufgeklettert, als die neue welle von der ferne sichtbar war. er war da oben in sicherheit. ein anderer ist auf eine normale palme hochgeklettert, wie ein affe, und er hat es geschafft. ein dritter, ein tourist, hat es nicht geschafft. er ist dort gestanden, und ich habe mir noch gedacht, renn doch, mach irgendwas, versuche noch einmal, hochzuklettern, aber der ist nur dagestanden und ist von der welle mitgerissen worden und regelrecht im wasser verschwunden. dann ist das wasser hochgekommen und war schon knapp unter der terrasse. sophie und ich und auch andere leute sind auf das geländer gestiegen. später sind wir auf das dach hochgeklettert. und da haben wir euch dann vis-à-vis stehen sehen. ein paar männer haben große löcher ins dach geschlagen. ich habe nicht gewusst, wofür das gut sein soll. auch auf einem anderen gebäude, zu dem wir hingesehen haben, wurden die dachziegel durchstoßen.

auch wenn es da oben ziemlich heiß gewesen ist, ich wollte von diesem dach nicht mehr herunter, weil ich angst gehabt habe vor einer neuen welle und weil ich gesehen habe, wie es den mann mitgerissen hat. du hast gerufen, wir sollen zu euch rüberkommen, du siehst eh, ob noch eine welle kommt. aber ich habe mich nicht runtergetraut. als wir dann wieder auf der terrasse waren, hat mit sophie ein mann geredet. sie hat gesagt: *no, no.* ich habe gedacht, dass der irgendetwas sexuelles will. er hat aber gesagt: er hilft uns, hinüberzukommen, wenn wir ihm einen gefallen tun. er hat nicht nachgegeben. dann sind wir mit ihm mitgegangen. er wollte eigentlich nur, dass sophie ein kind, das verletzt in einem zimmer lag, ins *phi-phi*-hotel hinüber transportiert. und das hat sie dann auch gemacht. und der mann hat uns den weg gezeigt. er und andere haben matratzen auf die müllhaufen hinabgeworfen, damit man leichter hinüberkonnte. sophie hat dann schon das kind in der hand gehabt und wollte noch immer nicht über die matratzen klettern. aber ihr habt auch gerufen, sie soll kommen, und so hat sie es dann getan. bei irgendeinem fenster sind wir in das *phi-phi*-hotel eingestiegen. eine frau hat sophie das kind wieder abgenommen. da war ein entsetzlicher raum, voll mit müll und dreck. von dort sind wir ein paar stufen hochgestiegen in den ersten stock, wo viele verletzte gelegen sind. da bin ich das erste mal durch blutlachen gegangen. ich war ja noch barfuß. es war so viel blut am boden. während ich durch das blut lief, hatte ich einen song von *coldplay* im ohr: *we live in a beautiful world.* dieses lied lief in meinem kopf wie in einer endlosschleife.

wir sind dann das ganze hotel abgerannt, um euch zu suchen. stiege rauf, stiege runter, überall waren wir unterwegs und haben euch gesucht. in jeden gang, in jede ecke haben wir geschaut. wir haben euch einfach nicht gefunden. wir haben gesucht und gesucht. und dann haben wir gesehen, dass leute auf das flachdach hinaufgehen. und da habe ich gesagt: sophie, komm, es ist zwecklos, wir gehen auch auf das dach hinauf und warten dort. die werden uns ja auch suchen. wenn wir alle suchen, verfehlen wir uns nur. ich habe sophie beruhigt, weil, die hat schon zu weinen angefangen. dass ihr nicht mehr kommt und so. und ich habe gesagt, ihr kommt sicher, weil ihr überlebt habt, wir haben euch ja schon gesehen. sophie hat ständig nur geweint, und ich habe sie im arm gehalten und versucht zu beruhigen. was drumherum war, weiß ich nicht. ich habe mich nur um sophie gekümmert. wir haben uns dann auf diesem dach in den schatten von einem wassertank gesetzt und gewartet. sophie wollte noch einmal suchen gehen, aber ich habe gesagt: nein, wir warten. und dann haben wir doch ziemlich lange gewartet. sophie ist es allerdings länger vorgekommen als mir. ich war damit beschäftigt, sie zu beruhigen. und dann ward ihr da. das war so schön, wie wir euch plötzlich gesehen haben. das war eine ur freude. das war ein wahnsinn. dass ihr es auch geschafft habt, und wir sind wieder alle beisammen. und dann haben wir uns umarmt und geweint.

18

den platz zu finden, wo einst die bungalows 240 und 242 standen, ist nicht ganz einfach, denn von den bungalows ist nichts übrig geblieben. wir irren auf einer mit schlingpflanzen und blumen zugewachsenen schotter- und sandhalde herum und versuchen anhand der distanzen zum pool, zum meer und zum verwaltungsgebäude, den bereich auszumachen, in dem wir gewohnt haben. an einigen stellen kann man unter den pflanzen noch trümmer von betonsockeln erkennen. etwa ein drittel der palmen ist stehen geblieben. die meisten haben ihre blätter verloren. sie sind nun abgestorbene stümpfe. rund um die beiden tennisplätze des benachbarten *cabana*-hotels sind mittlerweile neue palmen angepflanzt worden. das hotel steht vor der wiedereröffnung. am tag des tsunamis wurde dieser platz freigeräumt. er bot sich am ehesten als hubschrauberlandeplatz an. hier war das zentrum der hoffnung. hier warteten die schwerverletzten auf ihren abtransport. hier wurden die krankenschwestern eingeflogen. von hier aus wurde das chaos verwaltet. hier führten der schwede erik und cici, die frau aus trinidad, das kommando. sie waren die koordinatoren der rettung. ohne sie hätten nicht die schwächsten, sondern die stärksten die begehrten plätze im hubschrauber ergattert. erik war kein arzt, sondern tauchlehrer. aber er hatte kenntnis von erster hilfe. cici war ärztin. sie legte die transportreihenfolge der verletzten fest. erik sorgte für die transportwege.

wir lebten im schatten eines wasserspeichers auf dem flachdach des *phi-phi*-hotels. wir hatten nichts mehr zu trinken. aber ich hatte mittlerweile badeschlapfen, mit denen ich das haus verlassen konnte.

in der vierten etage stieß ich auf erik. er war gerade dabei, seine runden durch die hotels zu drehen und die am schwersten verwundeten menschen herauszusuchen. er sagte, was zu tun sei, und alle, die guten willens waren, taten es. hier war ein mann, dem das bein abgetrennt worden war, fortzutragen. erik sprach von einem heliport, einem hubschrauberlandeplatz. das hörte sich beruhigend an. obwohl von einem hubschrauber bislang nichts zu sehen gewesen war.

ich konnte nur mit einer hand zupacken. wir trugen den mann zu sechst. er lag in einem betttuch. hätten wir ihn auf eine tür gelegt, wären wir nicht die treppen hinuntergekommen. das betttuch war aber eine sehr wackelige angelegenheit. der mann, ein italiener, biss die zähne zusammen, aber er schrie auch immer wieder auf. erik wusste, wohin der mann zu bringen war. wenn dann der hubschrauber, sollte jemals einer kommen, landen würde, sollten die schwerverletzten schon an ort und stelle sein.

über das gelände des *princess* verlaufen mehrere wege. ich versuche mich an ihnen zu orientieren, aber sie sind mit den ursprünglichen pfaden unserer hotelanlage nicht identisch. das netz von behelfsstraßen folgt den einsatzwegen der bagger, die sich über die aufgetürmten betonfundamente hermachten.

vom *princess* stehen nur noch drei gebäude: am strand der pool und der speisepavillon, und dann, in der mitte der landenge, das verwaltungsgebäude, auf das wir zugelaufen sind. dieses gebäude steht mit seiner längsseite knapp vor dem *phi-phi*-hotel. mit seiner schmalseite grenzte es an die große rezeptionshalle, von der nichts mehr zu sehen ist als der sockel des viereckigen brunnens, der in der mitte stand. jetzt erstreckt sich zwischen diesem brunnen und dem verwaltungsgebäude eine schutthalde, auf der zwei arbeiter damit beschäftigt sind, die trümmer zu sortieren. es ist im *princess*-bereich das letzte areal, auf dem noch ein bodensatz des zufallsgemenges von gegenständen und materialien lagert, das der tsunami hinterlassen hat. als hätte eine abrissbirne ganze arbeit geleistet, noch bevor die bewohner des hauses ausgezogen sind. die beiden arbeiter – der eine trägt einen weißen schlapphut, der andere hat sich ein tuch um den kopf gebunden – hocken in diesem trümmerfeld aus dachziegeln, fliesen, betonteilen, zerbrochenen waschbecken, eisenstangen, steinen und dem, was an gebrauchsgegenständen dazwischengespült wurde. sie schichten haufen auf und legen gegenstände frei: eine schwimmflosse, ein kofferradio, eine notebook-tasche, eine kreditkarte, einen turnschuh, ein t-shirt, einen nietengürtel, einen ausweis, eine frauensandale, einen lippenstift, eine uhr. sie arbeiten langsam und zeigen einander die gegenstände, bevor sie sie zur seite werfen. dann lehnen sie sich an die mauer des verwaltungsgebäudes, um eine zigarette zu rauchen. hier haben sie schatten, denn über ihnen ragt noch ein rest des daches der empfangshalle aus der wand.

ich spreche die beiden an, aber sie verstehen kaum englisch. ich mache eine geste mit dem fotoapparat. sie haben nichts dagegen, dass ich sie fotografiere. danach verabschiede ich mich, kehre nach ein paar schritten jedoch um, weil mir die idee kommt, es sollte zumindest einer der in der halde gefundenen gegenstände mit auf dem bild sein. und so hocke ich mich nieder und mache ein zweites bild. im vordergrund ein in sich verschlungener gürtel, der mit vier reihen mittlerweile verrosteter nieten besetzt ist, im hintergrund der thailändische arbeiter mit dem weißen schlapphut.

ich kann nicht sagen, warum ich ausgerechnet den nietengürtel ausgewählt habe, es wären auch genug andere gegenstände herumgelegen. als wir uns ein halbes jahr später den videofilm ansehen, den ich aus der kamera herausgebrochen und gereinigt habe, kommt es zu einer seltsamen situation. im bild ist gerade elias zu sehen, wie er mit hinaufgerutschtem t-shirt auf dem vorderdeck des fährschiffes liegt, da schreit neben mir der zuschauer elias plötzlich auf: ha! da ist ja mein nietengürtel. ich hab ganz vergessen, dass ich ihn in thailand mithatte, und hab ihn dauernd gesucht!

und dann erinnere ich mich an dieses foto, das ich ein jahr nach dem tsunami gemacht habe. ich zeige es ihm. das ist er, sagt er. das ist mein gürtel. es ist jedenfalls genau der gleiche gürtel, den ich hatte.

solche zufälle kommen einem bedeutsam vor, ohne dass man sagen könnte, worin ihre bedeutung liegt. als ich mir einen alten plan der hotelanlage anschaue, verliert sich das bedeutungsvolle ein wenig. eine von der mitte der bucht zur empfangshalle des *princess* gezogene linie schneidet bungalow 242. somit war es sogar ziemlich wahrscheinlich, dass unser hab und gut in den rezeptionsbereich des hotels gespült wurde.

19

das verwaltungsgebäude steht viel näher am meer, als ich es in erinnerung habe. die täuschung kommt wohl daher, dass es diesen freien blick zum strand vorher nicht gegeben hat. selbst nach dem tsunami war das keine freie fläche, sondern eine landschaft aus müllbergen. beim weitergehen auf dem von wildblumen überwucherten gelände des einstigen vier-sterne-resorts stoßen wir auf einen kleinen sandhaufen, in dem ein aus holzlatten zusammengenageltes kreuz steckt, davor fünf kerzen. wir wissen nicht, wem diese erinnerung gilt. wir schauen auf dieses kreuz, so wie wir ein jahr zuvor auf die leichen schauten, nach wie vor unfähig, zu begreifen, nach welchen kriterien hier die rollen verteilt wurden.

hand in hand gehen wir auf das verwaltungsgebäude zu, an dessen außentreppe es sich entschied, wer dem wasser entkam und wer nicht. am meisten überrascht mich, wie schmal diese treppe ist. auf ihren stufen können zwei personen gerade aneinander vorbeigehen. ich habe sie in erinnerung wie einen breiten, herrschaftlichen aufgang zu einem palais. da oben war rettung. alles hoffen richtete sich nach oben. in meiner erinnerung war da oben eine große terrasse mit platz für alle, in wirklichkeit ist es nur eine etwa zwei meter breite veranda an der vorderseite des gebäudes.

hinter der freitreppe liegen nun malerkübel und baumaterial. das dach ist ausgebessert worden, das erdgeschoss renoviert. auf dem terrassengeländer hängt wäsche zum trocknen.

ins verwaltungsgebäude des *phi phi princess* sind menschen eingezogen, die ihre bleibe verloren haben. an der linken seite wurde ein holzverschlag angebaut, hinter dem, in einfachsten verhältnissen, eine thailändische familie wohnt. daneben liegt ein hoher stapel von holzbalken für weitere anbauten.

und dann stehen wir in diesem durchgang zwischen verwaltungsgebäude und *phi-phi*-hotel, in dem wir vom wasserstrudel erfasst worden sind. ich sehe das stromkabel, das mir zur rettungsleine wurde. es verläuft in etwa zweieinhalb metern höhe. damals war es unter wasser. auf der anderen seite der fassadenvorsprung am *phi-phi*-hotel, auf dem wir, obwohl selbst schon gerettet, unsere schrecklichste zeit hatten, weil wir nicht wussten, ob die kinder noch lebten.

hier in dieser gasse haben wir uns aus dem müllberg herausgearbeitet. wir waren endlich an die wasseroberfläche gekommen und kriegten luft, aber wir kamen aus dem spalt nicht gleich heraus, den ich freigelegt hatte. immer noch war das wasser in bewegung, es zog unsere füße richtung rezeptionshalle, aber die balken, die an der oberfläche schwammen, waren zwischen den beiden mauern stecken geblieben. über und neben uns türmten sich die überreste von bungalows.

an der außenfassade des *phi-phi*-hotels gab es einen mauervorsprung, ein schmales gesims, auf das hinauf sich vor uns eine frau rettete, während wir noch feststeckten. edith und ich halfen einander aus dem spalt und krochen über die schwimmenden trümmer auf dieses gesims zu. edith kam nicht gleich hinauf. ich versuchte, ihr behilflich zu sein. das tief geschnittene blaue top, das sie noch vom frühstück her anhatte, war zerrissen. über ihren rücken rann blut. schließlich standen wir beide auf diesem mauervorsprung und waren, für den moment jedenfalls, in sicherheit.

von allen seiten hörten wir schreie, im wasser waren immer noch menschen, die versuchten, auf schwimmende gegenstände zu klettern oder sich sonst irgendwo hinauf zu retten. aber das wasser wurde ruhiger, es floss langsamer. wo waren unsere kinder? wir sahen sie nirgends.

die frau neben uns auf dem gesims rief nach jemandem, der sich nicht meldete. ununterbrochen schrie sie einen mädchennamen. edith fragte sie, ob sie ihre tochter suche. sie nickte und rief weiter den namen, der mir nicht in erinnerung geblieben ist. auf der terrasse am gegenüberliegenden verwaltungsgebäude begann eine asiatin zu schreien. über die treppe wurde ein lebloses kind zu ihr hinaufgereicht. ein mann begann das kind zu beatmen.

wir sagten nichts, wir schauten nur. edith zupfte an ihrem zerrissenen top. darunter trug sie das oberteil des bikinis. ich muss dann zurückgehen, sagte sie, und mir neue sachen zum anziehen holen. ich nickte. mir fiel nicht auf, welchen unsinn sie sprach. dann entdeckte ich etwas an ihrer wange. du hast da was, sagte ich. sie griff hin. es war eine kontaktlinse. sie nahm sie in den mund und versuchte sie mit speichel zu reinigen. ich zog ihre augenlider auseinander, um zu sehen, ob die andere kontaktlinse noch irgendwo steckte, aber ich fand sie nicht. edith setzte sich die linse in ihr linkes auge, obwohl es, wie sich später herausstellte, die linse des anderen auges war. sie kratzte zwar, aber edith konnte damit ein wenig besser sehen. wir suchten weiter unsere kinder.

dann merkte ich, dass von meiner linken hand das blut herabrann. ich hielt die andere hand darunter. ich wollte nicht, dass die fassade schmutzig wird. unter uns war alles verwüstet, aber ich sorgte mich darum, die hellgestrichene mauer nicht mit blut zu beschmutzen. edith streifte ihr zerrissenes t-shirt ab und wrang es aus. ich wischte damit das blut von der brüstung und hielt es dann unter die wunde.

ich betrachtete meine hand näher. sie blutete an mehreren stellen. ich versuchte die finger nacheinander zu bewegen und merkte, dass ich den ringfinger und den kleinen finger nicht bewegen konnte. ich sagte: meine sehnen sind durchtrennt. ich muss dann zu einem arzt gehen.

so wie edith sich vormachte, sie könne einfach neue sachen zum anziehen holen, so machte ich mir vor, ich könne einfach zu einem arzt gehen. wir wollten, was wir sahen, nicht zur kenntnis nehmen. wir wollten nicht darüber sprechen, dass wir unsere kinder verloren haben könnten. es war ein unfassbarer gedanke. stattdessen machten wir uns vor, was man nicht alles tun könnte. was sind die nächsten sinnvollen schritte. einer davon wäre, zum arzt zu gehen und sich die sehnen nähen zu lassen. in wirklichkeit waren wir völlig hilflos und nicht in der lage, uns auch nur irgendwohin zu begeben.

aus ediths shirt begann das blut herabzutropfen. ich hielt es über das wasser. die frau, die nach ihrer tochter gerufen hatte, war verschwunden. sie war an dem gesims entlanggeklettert und dann mit einem leintuch auf einen balkon hochgezogen worden. das leintuch hing noch herab, es war auch ein angebot für uns. das ist nichts für edith, dachte ich. sie hat zu wenig kraft in den armen. sie würde es nicht schaffen, sich nach oben zu ziehen.

das wasser unter uns stand nun still. es schaukelte eine weile vor sich hin, dann begann sich der müllteppich in die andere richtung zu bewegen, zuerst langsam, dann schneller und schneller. immer noch waren menschen im wasser. sie wurden mit den vielen dahintreibenden gegenständen aufs meer hinausgedrückt. man konnte nun bis zum strand sehen, wo sich zwischen booten und hausdächern gestalten bewegten, die gegen das zurückströmende wasser ankämpften.

wir standen auf dem fassadenvorsprung des *phi-phi*-hotels, hörten das erneut anschwellende geschrei, schauten auf die menschen, die ins meer hinausgezogen wurden, und versuchten zu erkennen, ob unsere kinder darunter sein könnten. und dann kam der moment, in dem edith mich verzweifelt fragte: siehst du unsere kinder? ich mochte nicht, dass sie die frage aussprach. ich schüttelte den kopf. irgendwo werden sie sein, sagte ich.

20

edith entdeckte sophie zuerst. sie stand auf der terrasse des gegenüberliegenden verwaltungsgebäudes. der großteil dieser terrasse war von uns aus nicht einsehbar. wir konnten sophie erst erblicken, als sie in die nähe des treppenaufgangs kam. wir riefen ihr zu: sophie, sophie! sie sah uns und streckte die arme nach uns aus.

weißt du etwas von elias, riefen wir.

ich weiß nichts, rief sie mit weinender stimme zurück. ich find ihn nicht.

plötzlich ein lautes geschrei. *the water comes back!* wir sahen die zweite welle auf uns zukommen. menschen, die sich gerade vom meer auf den strand zurückgerettet hatten, wurden erneut erfasst und in die müllberge geschleudert. wieder war das wasser ein anschwellender fluss. er stieg und stieg.

ich hatte angst, das uns vorgelagerte verwaltungsgebäude, auf dessen terrasse sophie war, könnte weggespült werden. ich überlegte, ob sie irgendwie zu uns herüberkommen könnte, unser haus hielt sicher mehr aus, aber es gab keine möglichkeit. sophie rief uns zu, wir sollten höher klettern. aber wir konnten nicht höher klettern. es gab da, wo wir standen, keine öffnung ins haus hinein und keinen weg nach oben. menschen zogen sich auf palmen hinauf, der fluss stieg und stieg und häufte neue trümmer vor uns auf, die sich wiederum im durchfluss zwischen den beiden häusern stauten. wir hatten es versäumt, uns rechtzeitig nach oben in sicherheit zu bringen. auf allen seiten schrien menschen. das wasser stieg und blieb dann stehen. knapp unter unseren füßen.

elias war nirgendwo zu sehen. da standen wir mit dreckigen gesichtern, blut und dreck auch sonst überall am körper. im kopf nur einen einzigen gedanken: wir haben ein kind verloren. wir haben keine zwillinge mehr, nur noch ein einzelkind. das zwillingsglück, auf das wir uns so viel zugute gehalten hatten, war nicht für das ganze leben gedacht.

elias hatte von geburt an eine bewegungsstörung gehabt. ihm war manches schwerer gefallen als sophie. jahrelang sind wir mit ihm zur physiotherapie gefahren. ich hatte bilder aus seiner kindheit und jugend vor mir. das alles, um vor der matura beim familienurlaub zu ertrinken?

am dach gegenüber und auch an den dächern anderer gebäude wurden löcher geschlagen. überall begann eine emsige geschäftigkeit. was machen die da, fragte edith. ich suchte nach einer erklärung: wenn das wasser zurückkommt und noch höher steigt, damit es das dach nicht wegreißt, sondern durchströmen kann.

plötzlich rief sophie uns zu: ich habe elias gesehen.

sie war auf das dach gestiegen und schaute hinab auf die zum meer gelegene terrasse, die wir von unserem platz aus nicht einsehen konnten. bald darauf stieg auch elias auf das dach hinaus. irgendjemand hatte ihm das bein verbunden.

von da an beschäftigte uns nur noch die frage, wie wir mit unseren kindern zusammenkommen könnten. wir wussten nicht, wie viele wellen noch kommen würden. es war anzunehmen, dass das nun so weitergehen würde. eine welle nach der anderen. das wasser zog sich langsam wieder zurück.

wer noch lebte, versuchte, sich nun so schnell wie möglich in sicherheit zu bringen. jetzt, nach der zweiten welle, dachten wir: hier ist eine serie eröffnet worden, das meer ist aus dem gleichgewicht geraten. wie viele wellen werden noch kommen, wie hoch werden sie sein? ist das, was wir gerade erlebt haben, nur der anfang? erst jetzt, nach der zweiten welle, begriff ich, dass es keine bungalows mehr gab, dass der gesamte wohnbereich unseres hotels verschwunden war. schreien, weinen. die menschen wollten vom verwaltungsgebäude zum *phi-phi*-hotel herüberkommen. sophie und elias gingen auf dem schrägen dach hin und her. zwischen uns waren wasser und müll.

von einem der balkone aus wurden zusammengeknotete leintücher hinübergespannt. man wollte eine art hängebrücke schaffen. aber es gelang nicht. sie wussten nicht, wie sie es anstellen sollten. rechter hand wurden menschen auf balkone hochgezogen. das *phi-phi*-hotel war das höchste gebäude weit und breit, hier war es am sichersten.

wir krochen am mauervorsprung entlang, bis wir unter dem balkon waren, an dem nach der ersten welle die frau, die nach ihrer tochter gerufen hatte, hochgezogen worden war. sie stand immer noch oben und schaute herab. sie hatte zu rufen aufgehört. zwei männer hielten uns zusammengeknotete leintücher entgegen. edith sollte es wenigstens versuchen, da hinaufzuklettern. über dem bikini trug sie immer noch den türkis gemusterten sommerrock aus baumwollstretch, den ihr sophie genäht hatte. der rock war zerrissen und mit blut beschmiert. an den oberschenkeln lag er so eng an, dass edith damit nicht klettern konnte. sie riss sich den rock herunter und warf ihn fort. dann versuchte sie am leintuch hochzuklettern. aber das gelang ihr nicht. *hold on!* schrie einer der männer vom balkon herab, dann nahmen sie ihre kraft zusammen und zogen edith einfach hoch.

danach wollte ich hochklettern, aber ich konnte mich mit der linken hand nicht festklammern. und so wurde auch ich hochgezogen. dabei fingen die schnittwunden wieder zu bluten an. ich stand eine weile am balkon der beiden männer und ließ das blut über die balkonbrüstung hinabtropfen. wir waren barfuß und sahen, dass wir auch an den beinen und füßen bluteten. wir spürten es nicht, wir sahen es nur. die beiden männer waren italiener. einer von ihnen sagte, wir könnten das bad benutzen.

wir kommen gleich wieder, rief ich zu unseren kindern hinüber. dann hielt ich die rechte hand unter die linke und ging ins zimmer.

hier standen zwei betten an der wand. in einem bett lag ein mann mit eingebundenen händen, umringt von zwei frauen und einem anderen mann, die ihm gerade einen unterschenkel verbanden. an mehreren stellen schaute der knochen aus der wunde. ich bilde mir ein, sie legten damenbinden an die stellen, wo der muskel weggeschabt worden war, und umwickelten sie mit dem polsterüberzug. eine der beiden frauen trug einen kopfverband. der andere mann hatte beide oberarme verbunden. wir hatten später zu ihnen keinen kontakt mehr. ich meine mich zu erinnern, dass sie sich entweder auf niederländisch oder in einer nordischen sprache unterhalten haben.

im bad war das blut der vorbenutzer. das wasser funktionierte noch. ich ließ es über die wunden meiner linken hand laufen und sah erstmals, dass es mehrere, eng nebeneinanderliegende schnitte waren, insgesamt neun, aus denen das blut rann. es gab kein frisches handtuch mehr, so wickelte ich ein gebrauchtes um die hand. edith wusch sich das gesicht, nahm die kontaktlinse heraus, reinigte sie und setzte sie ins andere auge ein. dann wusch sie mir mein gesicht.

wir gingen auf den balkon zurück. ich sagte zu einem der italiener, dass ich mir ein handtuch genommen habe. er antwortete, das sei in ordnung. das wasser war nun ganz zurückgewichen. in der lohdalum-bucht hatte sich ein breiter müllteppich gebildet. vor unseren augen lag eine landschaft aus trümmern und tümpeln. wir riefen den kindern zu, sie sollten versuchen, zu uns ins hotel herüberzukommen. aber sie trauten sich nicht hinab, aus angst vor der nächsten welle. jemand holte matratzen und warf sie auf den müllhaufen, der das verwaltungsgebäude mit dem *phi-phi*-hotel verband.

eine frau im bikini kam zu uns auf den balkon hinaus. sie suchte jemanden. und sie zündete sich eine zigarette an. ich bat sie um eine zigarette. ich hatte zwei monate davor zu rauchen aufgehört. während wir rauchten, erzählte sie mir, dass sie ihren mann nicht finden könne. da erst wurde ich gewahr, dass hier überall menschen herumirrten, die ihre angehörigen suchten. wie glücklich waren wir. vor uns, auf dem dach des gegenüberliegenden hauses, hatten wir unsere kinder. es war nur noch eine frage der zeit, bis sie es wagen würden, den anderen zu folgen und über die matratzen ins hotel herüberzukommen. schließlich kam sophie als erste, mit einem baby im arm. elias folgte ihr. sie kletterten über den müllberg und verschwanden durch irgendeinen einstieg, den wir vom balkon aus nicht sehen konnten. wir hatten ihnen noch zugerufen, sie sollten in den zweiten stock kommen, dort würden wir auf sie warten.

21

wir verließen den balkon der italiener. die unterschenkel des mannes im bett waren inzwischen mit tüchern umwickelt. wir wollten noch einmal das bad benutzen, doch mittlerweile funktionierte das wasser nicht mehr. wir dankten den italienern für ihre hilfe, verabschiedeten uns und gingen auf den gang hinaus.

dort stand ein vollbeladener wagen des zimmerservice. edith nahm eine flasche wasser und ein klopapier an sich, ich nahm mir ein frisches handtuch. wir hatten in diesem moment noch keine ahnung, wie kostbar diese güter waren. bald sollten wir es bedauern, dass wir nur eine flasche wasser genommen hatten. aber als wir uns bedienten, hatten wir das gefühl, dinge zu nehmen, auf die wir keinen anspruch hatten. das hier war ja nicht einmal unser hotel.

mit klopapier, wasserflasche und einem frischen handtuch gingen wir in den gängen des zweiten stocks auf und ab. es stellte sich heraus, dass es mehrere stiegen und mehrere gänge gab. wir wussten nicht, bei welcher stiege unsere kinder heraufkommen würden. die gänge waren mit bodenfliesen ausgelegt, an den wänden entlang verlief eine hüfthohe holzverkleidung. überall waren verletzte. viele saßen auf dem boden, mit dem rücken an die holzverkleidung gelehnt. in den offenen zimmern lagen verletzte in den betten. es kamen immer mehr menschen ins hotel. sie suchten einen platz für sich. von der etage unter uns kam lautes weinen und klagen.

unsere kinder waren nirgendwo zu finden, bei keiner der treppen, in keinem der gänge. wir beschlossen, getrennt zu suchen. edith blieb im zweiten stock und ich ging nach unten. vielleicht hatten sie das stockwerk verwechselt, oder es war nicht klar beschriftet, und sie warteten nun in der etage unter uns. als ich einen stock tiefer ging, merkte ich schon an der treppe, dass ich in ein lazarett kam. hier lagen den gesamten gang entlang verwundete am boden. sie stöhnten, weinten, starrten vor sich hin. die angehörigen waren zumeist lauter als die verletzten. nicht alle hatten jemanden, der sich um sie kümmerte. und alle, die, so wie ich, hier herumschlichen, suchten jemanden. wenn er nur wenigstens unter den verletzten war.

ich konnte unsere kinder nicht finden und konnte mir auch nicht vorstellen, dass sie hier auf uns warten würden. so ging ich die treppe noch weiter hinab. sie endete in einer barrikade aus müll. von hier konnte niemand heraufgekommen sein.

zurück im ersten stock, ging ich den gang entlang bis zur

mitteltreppe. ich war barfuß und versuchte, den blutlachen, die sich auf den braunen bodenfliesen gebildet hatten, soweit es ging, auszuweichen. bei der mitteltreppe, die zur rezeption hinabführte, weitete sich der raum zu einer etwa fünfzig quadratmeter großen etagenlobby, die mit ein paar gepolsterten stühlen, tischchen, stehlampen und topfpflanzen ausgestattet war. hier lagen, einer neben dem anderen, schwerverletzte menschen am boden. die polsterstühle waren mit blut vollgesogen. sie wurden verwendet, um abgebundene gliedmaßen hochzulagern. und von unten wurden noch weitere verwundete heraufgetragen.

ich sah das, aber ich hatte keinen wirklichen blick dafür, ich suchte meine kinder. das war alles, was mich im moment interessierte. ich ging den gang zurück und dann wieder hinauf in den zweiten stock, wo ich edith wiedertraf, aber von den kindern nach wie vor keine spur. vielleicht suchten sie uns in einem anderen stockwerk? wir gingen noch einmal die gesamte zweite etage ab, immer noch hatte edith eine rolle klopapier und eine flasche wasser in der hand, ich ein frisches handtuch. wir kamen noch einmal am wagen des etagenservice vorbei. er war nun gänzlich abgeräumt. im zimmer der italiener waren die einen immer noch um das bett mit dem verletzten gruppiert, die anderen standen auf dem balkon und schauten ins chaos hinab und gleichzeitig aufs meer hinaus, um die neue welle rechtzeitig zu erkennen. überall, wo menschen in gruppen zusammenstanden, war von einer neuen welle die rede.

wir gingen einen stock nach oben, durchstreiften die gänge, schauten durch alle offenen türen. überall dasselbe bild. die menschen wurden verbunden, saßen herum oder waren auf der suche nach irgendwem. wir fanden unsere kinder nicht. und das war langsam zum verzweifeln. als wir auch die gesamte vierte etage abgesucht hatten, fiel uns auf, dass eine der beiden treppen noch weiter nach oben führte. wir folgten ihr. im zwischengeschoss stand ein rosa gitterbett. wir gingen daran vorbei und folgten der nun schmaler gewordenen treppe auf das flachdach hinaus.

22

das gitterbett steht auch ein jahr später noch im zwischengeschoss zum dach. es hat dort seinen platz. wenn es auf phi phi island einen ort gibt, der sich tief in unsere erinnerung eingegraben hat, dann war das nicht das *princess*, in dem wir wohnten, sondern das *phi-phi*-hotel mit seinem flachdach, auf dem wir überlebten. das *phi-phi*-hotel wurde zu einem der zentralen fluchtpunkte auf phi phi island.

ein jahr nach dem wahnsinn, zu dem die wirklichkeit plötzlich geworden war, steigen wir die paar stufen zur rezeption hoch. hier links lagen damals drei tote, eine frau, ein mann und ein kind. alle drei asiaten. ich musste diese leichen immer wieder anschauen. für elias und sophie waren es die ersten toten ihres lebens. dass ich den mann auf dem schiff gefilmt hatte, war mir, als ich ihn hier liegen sah, nicht bewusst. ich schaute ihn nur immer wieder an, sein gesicht, seinen körper, die offene wunde am bauch.

wir fragen die frau an der rezeption, ob wir das dach sehen dürfen. sie will wissen, warum. wir erzählen, dass wir dort oben nach dem tsunami zwei tage und eine nacht verbracht haben. die frau ist freundlich. sie sagt, dass immer wieder menschen kommen, um das dach noch einmal zu sehen. sie holt einen mann, der uns herumführt und uns alles zeigt, was wir sehen wollen. rechts von der rezeption gehen stufen hinab.

ich bin ihnen, auf der suche nach wasser, lebensmitteln, decken und anderen brauchbaren dingen ein stück weit gefolgt. ich kam zu einem großen, düsteren kellerraum, in dem noch kniehoch das wasser stand. wäsche schwamm darin und müll, der durch die fenster hereingespült worden war. gleich hinter der türschwelle lag eine frauenleiche halb im wasser. ich kehrte um.

wir gehen die engen treppen hoch. im zwischengeschoss gibt es rechts hinter der treppe einen freien platz, einen vorraum, von dem eine tür zum *manager office* führt. ich erinnere mich nicht an das schild, aber ich erinnere mich an diese tür. sie stand einen spalt offen, der boden war schlammig, aber das büro war durch die welle nicht demoliert worden. links stand ein schreibtisch, daneben regale mit ordnern, deren untere reihe mit dreck verklebt war. rechts am boden lagen seltsame plastikwürfel mit einer kantenlänge von etwa dreißig zentimetern. ich nahm einen und riss ihn auf. es waren frische, trockene betttücher darin. es war wie ein lottogewinn. ich kam so oft hierher zurück, bis ich alle packen verteilt hatte. die betttücher wurden vor allem im ersten stock und auf dem dach benötigt.

immer wieder kamen weihnachtsmänner vorbei. der eine brachte zigaretten, ein anderer getränke, wieder ein anderer strandlatschen. ich war der weihnachtsmann, der die betttücher verteilte. und gegen abend kam die göttliche erscheinung: ein hubschrauber. erik stand am strand und spielte den fluglotsen. er machte dem piloten klar, dass für ihn schon ein heliport vorbereitet war. doch der hubschrauber blieb über dem landeplatz stehen. man konnte in der pilotenkanzel menschen mit helmen sehen, sie blickten sich um. sie konnten wohl nicht recht fassen, was sie sahen. von allen seiten humpelten menschen zum heliport. ich machte mich sofort auf den weg dorthin. auch ich hinkte. mein rechtes knie, mit dem ich mich im betongeländer verhakt hatte, schmerzte. es hatte eine zerrung abbekommen.

der helikopter war noch immer in der luft. erik winkte ihm die ganze zeit zu, er solle hier, auf dem tennisplatz, landen. als er dann langsam runterkam, war uns schnell klar, warum der pilot gezögert hatte. er hatte neben dem landeplatz die verletzten liegen sehen. nun wurde von den rotorblättern sand aufgewirbelt, es entstand ein regelrechter sturm, der den verletzten die sandkörner in die wunden fegte. wir umstehenden warfen uns über sie, um sie mit unseren körpern ein wenig zu schützen.

erik bat alle, die nicht einer sofortigen behandlung bedurften, sich zu gedulden. aber das blieb ungehört. alle drängten zum hubschrauber. mit mühe und not konnten in die erste maschine auch noch ein paar schwerstverletzte eingeladen werden. als sie abflog, hörte ich einen deutschen zu seinem sohn sagen: wenn der nächste hubschrauber kommt, musst du schreien und schreien und darfst nicht mehr aufhören, bis du drin bist. der junge nickte. er hatte eine fußverletzung.

der lauten, überzeugenden stimme von erik gelang es, ordnung in die nächsten transporte zu bringen. er erklärte cici, die ärztin aus trinidad, zur obersten instanz in der festlegung der transportreihenfolge.

who are you?, fragte der deutsche.
i am erik, antwortete der schwede. *i am the one who handles the traffic.*

an diesem ersten abend landete vier- oder fünfmal mal ein hubschrauber. die etagenlounge im ersten stock des *phi-phi*-hotels war in der nacht nur noch spärlich belegt. ein verletzter war noch bei einbruch der dunkelheit gestorben. seine leiche blieb die ganze nacht vor dem treppenabgang liegen. ich bin, als ich etwa um mitternacht zum verbinden gehen wollte, über sie gestolpert. man hatte beim verbandplatz ein feuer angezündet, in dessen schein cici verletzte versorgte. es waren aber zu viele menschen angestellt. so ging ich zurück. ich wollte die meinen nicht zu lange allein lassen. als ich dann zurück war, wollte ich kein zweites mal hinuntergehen. mir graute vor der dunkelheit in den gängen. man musste sich entlangtasten und stieß immer wieder auf körper. erst nach sonnenaufgang machte ich mich mit emine erneut auf den weg.

auf der rechten seite des vorraums zum büro, in dem ich die bettwäschewürfel gefunden hatte, hängt heute ein bild des thailändischen königs. davor steht ein mit frischen speisen und getränken gedecktes tischchen. schalen, vasen, rote kerzen. auch am boden vasen mit blumen. vielleicht hatte es dieses arrangement ja auch vor dem tsunami gegeben, und es war nur vom wasser weggespült worden.

an dieser stelle, an der heute für den kaiser, dem oberhaupt der buddhisten in thailand, die guten geister beschworen werden, hatte am nachmittag des 26. dezember jemand eine tote frau abgelegt. bald darauf kam die leiche eines mannes dazu, auf den ich kurz zuvor noch eingeredet hatte.

als ich das erste mal vom dach hinunterging, kniete ich mich in der etagenlobby des ersten stocks zu einem mann nieder, der hier abgelegt worden war, der aber niemanden hatte, der sich um ihn kümmerte. sein gesicht war blass, er atmete schwer. es waren keine äußeren verletzungen an ihm sichtbar. er war ein asiat. ich nahm seine hand und fragte ihn auf englisch, ob er schmerzen habe. er antwortete nicht. ich erzählte ihm, dass bald hilfe kommen werde. ein hubschrauber werde ihn ins krankenhaus bringen. dort werde man erkennen, wo es ihm weh tue, man werde ihn behandeln, und alles werde wieder gut. während ich sprach und ihm die hand streichelte, hörte er zu stöhnen auf. er horchte mir zu. ich weiß nicht, ob er mich verstand. als ich bald darauf zurückkam, weil vor dem hotel so viele glasscherben lagen, dass ich, barfuß wie ich war, das haus nicht verlassen konnte, kniete ich mich noch einmal zu dem mann nieder, da war er schon tot. und als ich das nächste mal hier vorbeikam, hatte man die leiche neben die wand gelegt und zugedeckt. später schaffte sie jemand einen halben stock tiefer auf den freien platz neben der treppe. sie lag dann vor der tür zu jenem managerbüro, aus dem ich die würfel mit frischem bettzeug geholt hatte.

die toten zogen die toten an. jedenfalls war es das bedürfnis der lebenden, die toten zu den toten zu bringen. dieser kleine platz im zwischengeschoss wurde zum sammelplatz für diejenigen, die es vom *phi-phi*-hotel nicht mehr rechtzeitig zum sammelplatz für den hubschrauber geschafft hatten.

23

als uns der angestellte des *phi-phi*-hotels auf das dach hinausführt, beginnt es zu regnen. der boden ist glitschig. die tanks, die wärmeaustauschbehälter und die schräg gestellten sonnensegel mit solarzellen stehen in reih und glied so da wie vor einem jahr. mag sein, dass ein paar wassertanks dazugekommen sind. das dach des *phi-phi*-hotels war, trotz der großen hitze, die hier herrschte, eine begehrte zufluchtsstätte für menschen wie uns, die keine bleibe mehr hatten. einige zentimeter über dem boden waren rohre verlegt, man musste auf jeden schritt achten, um nicht daran hängenzubleiben. zwischen all diesen behältern, rohren und kabeln lagen oder saßen menschen. an zwei stellen gab es dachaufbauten, vier säulen mit jeweils einem viereckigen spitzdach darauf. darunter standen wassertanks. eines dieser spitzdächer stand genau dem aufgang gegenüber. und dort schließlich sahen wir, nachdem wir sie im ganzen hotel vergeblich gesucht hatten, unsere kinder sitzen. an einen wassertank gelehnt. elias hielt sophie im arm. sie standen auf und kamen auf uns zu. beide hatten blutige arme und beine. aber was war das schon.

wir setzten uns zu ihnen in den schattenplatz am wasserspeicher. wir konnten mit einem neuen leben beginnen. wir hatten klopapier, eine flasche wasser, ein frisches handtuch, und sophie hatte ihren rucksack. sie leerte ihn aus, um die dinge zu trocknen. da lagen ein paar tampons, ein taschenspiegel, ein lipgloss, ein mit wasser vollgesogenes che-guevara-buch, ein adressbuch, ein stift, ein paar aufgeweichte zettel und eine digitalkamera, die jedoch nicht mehr funktionierte. da die garantiezeit noch nicht abgelaufen war, schickte ich sie später ein, bekam sie jedoch mit dem vermerk zurück, in die kamera sei wasser eingedrungen, und darauf gebe es keine garantie.

neben uns hatten sich zwei französische pärchen niedergelassen. eine der frauen war schwanger. die vier hatten ihre rucksäcke bei sich. sie waren von phuket zu einem tagesausflug auf die insel gekommen, mit jenem passagierschiff, das später in der ton-sai-bucht von der flut überrascht worden war. als sie an land kamen, flanierten sie zuerst die hafenseite entlang, dann kamen sie zurück und folgten der leicht ansteigenden gasse, die am *phi-phi*-hotel und am *princess* vorbei zur lohdalum-bucht führte. in dem moment, in dem sie am eingang des *phi-phi*-hotels vorbeigingen, hörten sie lautes schreien und sahen die menschen von der hafenseite her in ihre richtung laufen. *big wave!* rief jemand. sie liefen in das hotel hinein, an der rezeption vorbei zur treppe und warteten, was geschehen würde. als das wasser kam, mussten sie nur noch die treppe hinauflaufen. sie blieben unversehrt.

die schwangere französin, die neben mir am boden lag, sprach mich auf den dicken verband an meiner linken an. ich wickelte die hand aus und zeigte sie ihr. sie holte aus ihrer kosmetiktasche ein fläschchen mit einem wunddesinfektionsmittel. ich zog die schnitthälften auseinander, und sie tropfte mir desinfektionsmittel in die wunden. vielleicht hätten wir das gründlicher machen sollen, aber ich wollte nicht das ganze fläschchen aufbrauchen. hier gab es andere, die das viel nötiger hatten. und vielleicht war es ohnedies schon zu spät, um eine infektion zu verhindern. der freund der schwangeren französin hatte in seinem rucksack ein schweizermesser. mit der kleinen schere zerschnitt ich das saubere handtuch und machte mir einen neuen verband. den kleinen finger, den ringfinger und den mittelfinger wickelte ich zusammen. sie waren ohnedies unbrauchbar geworden. beim auseinanderziehen und desinfizieren hatten die schnittwunden heftig zu bluten begonnen, und so war der neue verband bald mit blut getränkt.

am rande des flachdaches war eine begrenzungsmauer von eineinhalb metern höhe, an der entlang ein handlauf aus metall führte. die meisten menschen standen an dieser brüstung. sie schauten auf das chaos hinunter und warteten auf die nächste welle. das gerücht, dass neue wellen kämen, hielt sich bis zum nächsten tag.

uns gegenüber saß eine englisch sprechende frau mit einer tiefen schnittwunde im brustkorb. der linke busen war durchschnitten. sie hatte schmerzen. später wurde sie von cici entdeckt und zum hubschrauberlandeplatz mitgenommen. sie wurde am abend mit einer der ersten maschinen ausgeflogen.

auf der anderen seite, schon an der brüstungsmauer, lagerte eine thailändische mutter mit mehreren kleinen kindern. sie weinten um den familienvater. aber dann wurde von zwei anderen thailändern ein kleiner dicklicher mann herbeigetragen. er hatte ein abgebundenes bein. der fuß war mit einem tuch umwickelt. als er erschien, wandte sich die stimmung dieser familie. nun weinten sie vor freude darüber, dass er noch lebte. der mann war bleich im gesicht und stöhnte in der nacht. seine frau wimmerte die ganze zeit über. elias lag unmittelbar daneben. er erzählte mir später, dass er angst hatte, der mann könnte neben ihm sterben. am nächsten tag machten wir jemanden vom team um erik und cici auf ihn aufmerksam und halfen ihn dann zum hubschrauberlandeplatz tragen.

als jemand für diejenigen, die keine schuhe mehr hatten, einen sack badeschlapfen aufs dach brachte, war ich erstmals in der lage, mich draußen umzusehen. die vielen glasscherben und verrosteten blechteile, die überall herumlagen, konnten mir nichts mehr anhaben. allerdings wollten edith und sophie mich nicht gehen lassen. ich wollte aber etwas tun, ich konnte nicht nur herumsitzen und warten. die rechte hand hatte nur einige kratzer abbekommen, ansonsten war sie unverletzt. beim eingang des *phi-phi*-hotels kam ich an den mir schon bekannten drei leichen vorbei und ging dann die stufen zur gasse hinunter. weit kam ich nicht, die gasse war verbarrikadiert. auf der hiesigen seite waren die gebäude zwar stehen geblieben, die geschäfte enthielten allerdings alles andere als das, was sie einst verkauft hatten. auf der anderen seite waren die buden ineinandergeschoben und zu einem großen haufen aufgetürmt worden, der zur ton-sai-bucht hin die gasse versperrte. rechts vom *phi-phi*-hotel war die rezeptionshalle des *princess* zusammengekracht, auf deren trümmern sich ein weiterer unpassierbarer müllhaufen gebildet hatte. es sah so aus, als müssten wir, um von hier wegzukommen, durch die fenster und balkone aussteigen, durch die wir ins hotel hineingelangt waren.

ich schaute mich in den müllhaufen nach wasserflaschen um. vor mir auf dem boden lag ein schwarzlackiertes holzkästchen. ich drehte es um. es war eine mit plexiglas abgedeckte schatulle, von der art, wie juweliere sie verwenden, um den schmuck zur schau zu stellen. die samtschlitze waren gefüllt mit silberringen, kein einziger steckplatz war frei. die schatulle stammte aus einem geschäft, das dem *phi-phi*-hotel schräg gegenüber lag. es war zwar verwüstet, aber als juweliergeschäft noch erkennbar. ich legte das brett mit den ringen zuoberst auf den müll dieses geschäftes, sodass der besitzer, wenn er zurückkäme, sie sofort sehen könnte.

dann wandte ich mich nach rechts zur lobby des *princess*. ich stieg über balkon und eisengestänge näher an diesen trümmerhaufen heran, da sah ich zwei thailänder, die gerade eine reisetasche plünderten. der eine fand im seitenfach eine geldbörse. er nahm die scheine heraus und warf die börse weg. der andere riss aus der reisetasche die wäsche heraus. einen gürtel schnallte er sich unter das t-shirt. ich hatte plötzlich große angst davor, dass die beiden mich entdecken könnten. hier waren genug leichen, da kam es auf eine mehr oder weniger nicht an. ich geriet in panik und hatte größte mühe, mich davonzumachen, ohne bemerkt zu werden.

dass es zwischen diesen trümmern doch einen durchgang gab, der es erlaubte, zum *cabana*-hotel und zur tonsai-bucht zu gelangen, wurde mir erst bei meinem nächsten ausflug klar, als ich half, den italiener mit dem abgetrennten bein hinüberzutragen. dabei kamen wir auch am juweliergeschäft vorbei. die schatulle mit den silberringen war verschwunden.

24

wir trugen den mann über einen quer durch die verwüstung führenden trampelpfad, der durch aufgerissene gräben und über umgestürzte palmen führte. immer, wenn wir hindernisse zu überqueren hatten, fing der mann in unserem tuch zu schreien an. unter den trägern waren noch zwei weitere italiener, die zu ihm gehörten und beruhigend auf ihn einredeten. später wurden hier über die holprigsten stellen bretter gelegt, um sie leichter passierbar zu machen. entlang dieses weges waren am ersten tag noch viele tümpel. aus ihnen und aus den sie umgebenden müllhaufen schauten körperteile hervor. manche leichen lagen auch offen da. die europäer kümmerten sich um die verletzten, die muslime von phi phi island begannen sofort, leichen einzusammeln.

die netze und zäune der tennisplätze hatten dem wasser keinen nennenswerten widerstand geboten, und so gab es dort auch keine großen müllhaufen, sondern nur vereinzelt herumliegende gegenstände, darunter auch teile von booten. ein paar männer halfen und räumten gemeinsam die tennisplätze frei. wir ließen den italiener auf eine der matratzen sinken, die vom *cabana*-hotel hierher gebracht worden waren. es gab noch keine medizinische versorgung. man hatte den schwerverletzten nur die glieder abgebunden und notdürftig verbände angelegt. die erste-hilfe-schränke der hotels waren von denjenigen geleert worden, die sie als erste entdeckt hatten. erik ging zu einem mann auf einer matratze und lauschte auf seinen atem. dann hörte ich ihn zu einem verletzten nebenan sagen: *tell me if your neighbour stops breathing.*

auf dem weg zurück zum *phi-phi*-hotel sah ich eine frau mit blutverschmiertem gesicht am boden sitzen. sie starrte apathisch vor sich hin. ich beugte mich zu ihr nieder und berührte sie an der schulter. sie schaute mich an und begrüßte mich. es war emine. sie sagte, dass sie claude nicht finden könne. ich lud sie ein, zu uns aufs dach mitzukommen. sie erhob sich, und ich bot ihr meinen arm an. sie sprach französisch mit schweizer akzent. ich hatte große mühe sie zu verstehen.

sie hatten das wasser nicht kommen hören. claude war gerade auf der toilette gewesen. die welle riss zuerst den bungalow aus der verankerung, wobei es claude den fuß einklemmte. er rief emine zu, sie solle laufen, er selbst kam nicht mehr frei. sie zögerte einen moment, lief dann aber doch hinaus, da war schon alles voll wasser, und sie wurde mitgerissen. sie konnte mir nicht genau sagen, wohin. mit der hand wies sie in die richtung der *reggae bar*.

auf dem flachdach setzte sich emine zu uns in den schatten des wassertanks. wir hatten uns mittlerweile ein kleines lager aus mehreren leintüchern geschaffen. später, am nachmittag, kam eine frau mit blauen frotté-badetüchern aufs dach. wir ergatterten vier davon und besitzen sie heute noch. sie tragen die aufschrift *phi phi hotel*. die beiden neben uns lagernden franzosen, die unverletzt waren, hatten von der gasse zwei verschweißte kartons mit getränken hochgebracht. einer enthielt *red-bull*-dosen, der andere softdrinks mit himbeergeschmack. sie schenkten elias eine dose red bull. er zeigte mir die dose und freute sich darüber wie ein kleines kind.

emine hatte schnittwunden am kopf und auf der brust. sie hatten stark geblutet, aber sie waren zum glück nicht sehr tief. wir verbanden ihr den kopf mit einem zerschnittenen leintuch und reinigten ihr mit geringsten wassermengen das gesicht. sie fragte, ob sie bei uns bleiben könne. nach einer weile sagte sie, sie möchte jetzt claude suchen gehen. ich bot ihr an, sie zu begleiten. edith bat mich, nicht zu weit fort zu gehen. ich versprach es. edith sah uns dann von oben zu, wie wir durch die trümmerlandschaft irrten und bei jedem körperteil, der irgendwo herausragte, nachsahen, ob es die leiche von claude war. emine zog an einem roten fetzen. zum vorschein kam ein zerrissenes kleid. es war ihr ballkleid. sie hatte es für silvester mitgebracht.

wenn hier dein kleid liegt, sagte ich, dann sollten wir in dieser gegend weitersuchen. obwohl wir dann noch gut zwei stunden unterwegs waren und dabei, soweit es möglich war, das gesamte areal des *princess*-hotels durchkämmten, konnten wir claude nicht finden. wir fanden auch keinen weiteren gegenstand, der emine, claude oder uns gehörte. an einen müllhaufen hinter der küche des *princess* erinnere ich mich, weil ich nicht fassen konnte, was da vor mir lag: übereinandergeschichtete und zu einem würfel zusammengebundene eierkartons. da waren rundum betonfundamente hochgerissen, palmen entwurzelt und wände eingedrückt worden, aber hier lag eine vorratspackung mit unversehrten rohen eiern.

dass wir claude nicht fanden, gab emine hoffnung, dass er noch leben könnte. wir gingen im laufe des tages noch mehrmals zum hubschrauberlandeplatz, um zu sehen, ob claude mittlerweile hierher gebracht worden war. am strand wurden von jeweils vier männern auf ausgehängten türen leichen zu einem sammelplatz beim *cabana*-hotel transportiert. wir schauten uns auch diese leichen an. claude war nicht darunter. claude war auch am nächsten tag, als evakuierungsboote kamen und die menschen sich vor der mole versammelten, nirgendwo zu finden.

am nachmittag kam, noch vor der badetuchfrau, eine andere frau auf das dach des *phi-phi*-hotels. ich weiß nicht, wer sie war, vermutlich eine hotel-managerin. sie sagte auf thailändisch und auf englisch, dass sie nun eine gruppe von menschen auf den berg hinaufgeleite. dort sei es sicherer. wer immer sich anschließen wolle, solle sich anschließen. ich war der meinung, wir sollten mitgehen. aber edith und sophie wollten das hoteldach nicht verlassen. edith sagte, und wenn die welle kommt, während wir unterwegs sind? da hatte sie allerdings recht. vor dem tsunami wäre es von hier bis zum *view point* ein fußweg von zwanzig minuten gewesen. aber jetzt würde es sicher lange dauern, sich dorthin einen weg zu bahnen. etwa die hälfte der auf dem dach gestrandeten folgte der frau auf den berg, wir blieben. von da an hatten wir mehr platz und konnten uns hinlegen und ausstrecken.

das *phi-phi*-hotel hatte zwei flügel. auf der einen seite des flachdaches wohnten die asiaten, auf der anderen die europäer. die asiatische familie neben uns war eine ausnahme, ansonsten hatten sich die flüchtenden fein säuberlich nach ethnischen kriterien gruppiert. sie standen in gruppen beisammen, hier die europäer, australier und amerikaner, dort die asiaten.

die nachmittagssonne hatte den schatten auf unserem platz deutlich verkürzt. wir mussten am wassertank eng zusammenrücken, um nicht der heißen sonne ausgesetzt zu sein. und dann gingen uns die getränke aus. an essen war ohnedies nicht zu denken. aber wenigstens getränke brauchten wir. die franzosen waren nicht gerade großzügig mit ihrem red bull und ihren himbeergetränken. elias hatte angst, dass wir hier verhungern und verdursten müssten.

in der gasse vor unserem hotel hatte es in fast jedem laden getränke zu kaufen gegeben. selbst in andenken- und postkartenläden waren kühlschränke mit kalten getränken gewesen. die meisten getränke waren nicht in glas- sondern in plastikflaschen und dosen abgefüllt. die musste es noch irgendwo geben. wir mussten sie nur finden.

ich schlug elias vor, wir könnten gemeinsam hinuntergehen und getränke organisieren. er kam mit. wir gingen vorbei an all dem elend im ersten stock, an den beiden leichen im zwischengeschoss und an den drei leichen vor der rezeption. der anblick der toten hielt elias genauso in bann wie mich.

wir mussten nicht lange suchen, bis ich eine wasserflasche und eine andere mit unbestimmtem inhalt fand. elias fand eine flasche *blanc de blanc*. wir nahmen sie mit aufs dach und versteckten sie unter der bettdecke. am abend brachte eine frau einen sack mit crackers-packungen. wir bekamen zu fünft eine rolle crackers. das blieb, abgesehen vom frühstück, unser einziges essen an diesem tag. unsere magenverstimmung war wie verflogen.

25

als wir am 7. dezember 2005 an bord eines longtailboots auf zwei neue, mit roten ziegeln überdachte bauten zufahren, ist uns beiden mulmig zumute. wir haben für die rückkehr auf phi phi island das in der ton-sai-bucht liegende *arayaburi resort* gebucht, weil dort die bungalows nicht am strand, sondern zwanzig bis fünfzig meter über dem meeresniveau am berghang stehen. der eine bau mit dem roten ziegeldach ist das renovierte hotelrestaurant, der andere die neu gestaltete rezeptionshalle. am strand liegen mehrere longtailboote. ein mann schöpft mit hilfe einer abgeschnittenen plastikflasche wasser aus seinem boot. die fahrer der anderen boote sitzen im schatten einer palme. als wir auf die weiße sandbank auffahren, erheben sie sich und kommen auf uns zu. sie scherzen und rauchen in ruhe ihre zigaretten zu ende. dann lassen sie sich unser gepäck reichen und bringen es zur rezeptionshalle. wir krempeln die hosenbeine hoch, nehmen die schuhe in die hand und steigen aus dem boot.

an der ton-sai-bucht liegen longtailboote. sie sind mit langen seilen unterhalb des strandwegs vertäut. bei jedem wellenschlag fahren sie gemeinsam ein stück landeinwärts und rutschen dann mit dem abfließenden wasser wieder in ihre alte position zurück. dabei heben sich die seile wie stolperstricke aus dem sand.

vor dem hotelrestaurant sind weiße plastiktische und -stühle aufgestellt. links davon steht ein demolierter, schon halb im sand versunkener bagger. dahinter türmt sich ein haufen aus verrosteten stahlrohrmöbeln, kühlschränken und anrichten. vor der rezeptionshalle, in die unser gepäck gebracht wurde, steht auf einer roten steintafel: *bay view resort*. hat man uns zum falschen hotel gebracht? das sei schon in ordnung, meint der mann, der uns als begrüßungsdrink ein glas papayasaft serviert, das hotel habe einen neuen namen erhalten.

mit einem elektrofahrzeug von der art, wie golfspieler sie benutzen, werden wir auf einem schmalen betonweg den berg hinaufgefahren. zusammen mit unserem gepäck ist die last allerdings zu groß, der elektromotor setzt aus.

ich steige ab und schiebe. sobald es wieder flacher wird, springe ich auf.

der uns zugewiesene bungalow steht in einer der hinteren reihen. wir sehen von der terrasse aus nur urwaldgewächse und die rückseiten anderer bungalows. wir lassen das gepäck stehen und gehen zur rezeption zurück. ich sage, dass wir gerne einen meerblick hätten und auch bereit seien, dafür aufzuzahlen. die rezeptionistin ruft ihren chef an, dann sagt sie, das hotel werde uns kostenfrei upgraden. wir sollten einfach den bungalow wählen, in dem wir wohnen wollten. die meisten stünden ohnedies leer. wir wählen einen mit blick auf die nachbarinsel phi phi leh.

kaum haben wir uns im neuen quartier eingerichtet, beginnt es zu regnen. wir setzen uns auf die überdachte terrasse. es ist warm, doch von phi phi leh ist nichts mehr zu sehen. die insel ist hinter einer dunstglocke verschwunden. später kommt für kurze zeit die sonne hervor und lässt die zackige felsenkrone rot aufleuchten. bald darauf beginnt es in den blättern zu rauschen, als würde wind aufkommen, aber es ist kein wind, sondern ein feiner, unsichtbarer regen, der phi phi leh langsam wieder hinter einem grauen vorhang verschwinden lässt.

am abend hört es auf zu regnen. wir essen im hotelrestaurant am strand. der himmel ist nach wie vor grau. es sind nicht viele gäste da. der chef setzt sich zu uns. wir fragen ihn nach den auswirkungen des tsunamis in seinem resort. drei touristen fanden den tod. in ihrem gedenken wurde neben einer mit vielen bunten bändern umwickelten mangrove ein kleiner schrein errichtet. die angestellten konnten alle rechtzeitig den berg hinauf fliehen. das wasser überschwemmte den rezeptionsbereich und das restaurant, aber es erreichte nicht die höhe der bungalows. zu weihnachten, so hofft er, werde das resort wieder ausgebucht sein. erneut beginnt es zu regnen, und wir fliehen unter das dach.

normalerweise sind dezember und jänner auf phi phi island niederschlagsarme monate. doch in manchen jahren ist es offenbar anders. während unseres zweiwöchigen aufenthalts ein jahr nach dem tsunami gibt es nur einen einzigen tag, an dem es nicht regnet. wir sitzen auf der terrasse und lesen in unseren büchern. wenn der regen zwischendurch einmal aufhört, brechen wir zu einem rundgang auf. aber bald hängt der aufgespannte regenschirm zum trocknen an der duschstange, wir sitzen wieder auf unserer terrasse und blicken nach phi phi leh hinüber. es gibt da eine seltsame vorgeschichte. ich hatte indirekt mit dieser insel zu tun gehabt, noch bevor sophies freundin dominika uns auf die idee brachte, nach phi phi island zu fahren.

zur pressevorführung des fernsehfilms *opernball* schenkte mir regisseur urs egger ein buch: *the beach*, von alex garland. er schrieb hinein: *für josef haslinger – another traveller!* – das war am 18. februar 1998. er sagte, dieses buch habe ihm so gut gefallen, dass er es als nächstes projekt verfilmen wolle. er bat mich, es zu lesen und, sollte auch ich begeistert sein, das drehbuch zu schreiben oder zumindest daran mitzuarbeiten. er fragte mich das, ohne zu wissen, dass die filmrechte gerade an eine englisch-amerikanische produzentengruppe vergeben worden waren, die *trainspotting*-regisseur danny boyle mit der regie beauftragte. für die erstellung des drehbuchs wurde alex garland noch john hodge zur seite gestellt, der auch für *trainspotting* das drehbuch geschrieben hatte. urs egger hätte gar keine möglichkeit gehabt, an das projekt heranzukommen. aber das wusste er damals noch nicht. später, während eines amerikaflugs, sah ich den film, und da gefiel mir der roman, im nachhinein gesehen, plötzlich besser als seine verfilmung, die auch nur einen teil der geschichte erzählt. aber letztlich berichten beide versionen davon, wie sich ein vermeintliches paradies in die hölle verwandelt. wenn auch nicht durch naturgewalten.

hier, auf der terrasse sitzend, die filmkulisse leibhaftig vor mir, bekomme ich lust, den film noch einmal anzuschauen. ich hole den hotelregenschirm aus dem bad und kaufe beim nächsten laden für hundert baht (zwei euro) die dvd. weil es gerade daneben liegt und ich dieses filmmusical immer schon sehen wollte, nehme ich auch noch *sound of music* mit. in den usa ist uns *sound of music* auf schritt und tritt begegnet. es scheint in meiner generation ein regelrechter erziehungsklassiker gewesen zu sein, in österreich kennt es kaum jemand.

ich komme mit den beiden dvds zurück, und dann beschließen wir, uns nicht *the beach*, sondern *sound of music* anzusehen. mitten im film wird edith schlecht. sie muss sich erbrechen. von da an läuft sie alle zehn minuten fort. sie hat kalten schweiß auf der stirn. ihre verdauung spielt verrückt.

wir haben für diesen fall *imodium*-kapseln mitgebracht. sie nimmt zwei davon, erbricht sie aber kurz darauf. am bildschirm läuft nach wie vor *sound of music*. immer wieder drücke ich die pausetaste, damit edith nichts versäumt. der regen trommelt auf das dach, auf die palmen und die großen blätter der urwaldbäume. edith kommt zurück. sie will den film weitersehen.

später zieht ein gewitter auf. beim ausgang zur terrasse wird der vorhang vom wind hin und her gerissen, dann beginnt es zu schütten und zu donnern. plötzlich überkommt mich die angst vor einem erdrutsch. hat man das nicht schon oft im fernsehen gesehen, gerade in thailand und indonesien? ganze dörfer von einer schlammlawine verschüttet. unser bungalow ist in einen steilen hang gebaut. die pfähle auf der terrasse gehen gut vier meter hinab. ich horche in den regen hinaus und versuche ungewöhnliche geräusche wahrzunehmen. wenn der donner loskracht, denke ich: jetzt rutscht gleich der hang ab.

unter dem dach laufen tiere herum. ihr getrippel geht von einer seite zur anderen. man hört den wellenschlag an den felsen. in der nacht wache ich immer wieder auf. manchmal, weil ich edith höre, wie sie vom bett fortläuft. dann wiederum bin ich plötzlich ohne grund hellwach. ich träume, dass wir die cholera haben und dass ediths augen glasig werden. immer wieder sehe ich im traum diese leicht verdrehten, glasigen augen vor mir. wir haben das dschungelfieber, denke ich im traum, oder vielleicht auch im halbschlaf. wir hätten nicht zurückkehren sollen. letztes jahr der tsunami, in diesem jahr eine tropenkrankheit, gegen die wir nicht geimpft sind.

diese albträume begleiten mich bis in den morgen. und immer wieder die angst vor einem erdrutsch. der boden könnte sich so aufweichen, dass alle bungalows ins meer hinunterrutschen. ich überlege, wie ich mich in so einem fall am besten verhalte, und weiß keinen rat. es wird ein dumpfes geräusch geben, gleich darauf wird das haus anfangen, sich zu bewegen, und dann wird alles über uns zusammenstürzen.

am nächsten morgen regnet es noch immer. edith sagt, es gehe ihr besser. ich schalte den fernsehapparet ein. auf *dw-tv* wird eine reportage mit dem titel *der tsunami – ein jahr danach* ausgestrahlt. die kamera begleitet die schweden camilla, niklas und ulrike andersson, die der tsunami zu waisenkindern gemacht hat. ihr vater war schon zuvor an krebs gestorben. die mutter war mit ihnen nach khao lak gefahren. zum ersten familienurlaub ohne vater. als die welle kam, war die mutter gerade am pool. sie ertrank in den fluten. die kinder haben überlebt. schweden und deutschland hatten unter allen europäischen staaten die meisten opfer. es starben fünfhundertdreiundvierzig schweden. aller wahrscheinlichkeit nach. die leichen von zwölf kindern und fünf erwachsenen wurden nie gefunden.

camilla, niklas und ulrike andersson mussten das haus ihrer mutter verkaufen, weil sie es nicht halten konnten. sie zogen gemeinsam in eine wohnung. alle drei waren in therapeutischer behandlung. im sommer kamen sie nach khao lak zurück. und das tat ihnen gut. sie wissen nun, sagt die älteste, die vielleicht sechzehn jahre alt ist, dass sie nichts falsch gemacht haben. sie haben sich nichts vorzuwerfen, die mutter hatte keine chance.

in dieser reportage wurden amateuraufnahmen des tsunamis in khao lak gezeigt. die welle hatte ein höheres anfangsniveau und eine viel größere geschwindigkeit als jene auf phi phi island. man sieht sie als mehrere meter hohe gischt auf häuser und bäume einschlagen. offenbar stammte das foto des *spiegel*-aufmachers aus khao lak.

zum frühstück regnet es noch immer. im restaurant finden wir ein französisches kamerateam vor, das den regen filmt und dann in den ort ausschwärmt, um phi phi island ein jahr danach zu dokumentieren.

trotz fortdauernden regens brechen auch wir zu einem spaziergang auf. wir sehen, dass am morgen überall diese schilder angebracht wurden: *tsunami evacuation route*. dazu ein weißer pfeil, der anzeigt, in welche richtung man fliehen soll. transparente weisen darauf hin, dass es um dreizehn uhr einen tsunami-probealarm gibt. *tsunami drill*, nennen sie das.

als wir unser tägliches pilgerziel, die steppenlandschaft des *phi phi princess*, erreichen, kommt uns eine regierungsdelegation entgegen, begleitet von hochdekorierten polizisten, deren ordensfülle so prächtig über die brust verteilt ist, dass sie auch den dienern einer militärdiktatur gut zu gesicht stünde. die delegation kommt aus dem für tagestouristen notdürftig reaktivierten speisepavillon des *princess*. der hotelmanager, zurzeit wohl kaum mehr als ein ruinenverwalter, begleitet die delegation hinüber zum hafen. als er zum pavillon zurückkommt, spreche ich ihn an. er sagt, es bestehen gute chancen, dass das *princess* wieder aufgebaut wird.

ich sage, dass wir hier am sechundzwanzigsten dezember gewohnt haben. *welcome back*, sagt er. und dann fügt er hinzu: sie sind nicht die ersten, die zurückkommen. zum jahrestag wird es hier eine gedenkfeier geben.

auch er kann uns den genauen standort von bungalow 240 und 242 nicht mehr sagen, aber das ist mir inzwischen auch nicht mehr wichtig. am anfang war das aufsuchen des schauplatzes ein gutes mittel, um die versteckten erinnerungen aufzuscheuchen und gleichzeitig nüchtern zu sehen, was ich vorfand und was die einbildungskraft sich zusammengereimt hatte. mittlerweile sind wir fast täglich über dieses gelände gegangen, und es sind uns dabei immer mehr details in den sinn gekommen, die ich mir daheim notiert habe. wir müssten nicht mehr hierherkommen. wir tun es fast schon aus gewohnheit. oder weil wir es uns vorgenommen haben, um dem spuk in unserer seele ein ende zu machen.

ich erzähle dem hotelmanager von einer masseuse, die ich vor zwei tagen kennengelernt habe. ihr mann ist in der küche des *princess* ertrunken. der manager zeigt uns daraufhin die küche. ich werfe nur einen kurzen blick hinein, weil mir die vorstellung von den menschen, die hier eingeschlossen waren, unerträglich ist.

26

die nacht war sternenhell, und es war fast vollmond. die bucht lag vor uns wie eine gespensterlandschaft. vor dem *cabana*-hotel, beim sammelplatz für die verletzten, unterhielt jemand ein lagerfeuer. ansonsten gab es nur das licht des himmels, das sich im meer spiegelte. der lärm war längst verstummt. das meer war ganz leise geworden. man sah eine aufeinanderfolge von hellen und grauen konturen bis weit zum horizont hinaus. wir meinten die umrisse eines kriegsschiffes zu erkennen.

drei fremde waren aufs dach gekommen, zwei männer und eine frau. sie hatten ein funkgerät und trugen uniformen. zielstrebig gingen sie an unserem wassertank vorbei und schauten in die lohdalum-bucht hinaus. sie funkten in englischer sprache. man konnte es auf dem ganzen dach hören. in den funksprüchen des marineschiffs war von einer neuen welle die rede.

wir versammelten uns um die uniformierten.

eine neue welle? wann wird sie kommen?

die uniformierten männer schwiegen. aber die frau sagte: in fünfzehn bis zwanzig minuten.

wie groß ist die welle? wird das hotel standhalten?

wir wissen es nicht, war von da an die monotone antwort.

von irgendwo da draußen kam eine neue welle auf uns zu. wir gingen davon aus, dass ein kriegsschiff die entsprechende technische ausrüstung hat, um das feststellen zu können. dieses hotel stand auf sand, es konnte unterspült werden. warum waren wir nur am nachmittag nicht mit der gruppe in die berge mitgegangen? dort wären wir jetzt sicher gewesen. wir hätten die chance gehabt zu entkommen und haben es aus ängstlichkeit vermasselt. das kriegsschiff, das wir zu erkennen meinten, kam nicht näher. vielleicht wartete es ab, was geschehen würde.

mittlerweile waren alle menschen aufgewacht oder geweckt worden. die neben uns lagernde thailändische familie hatte begonnen, gebete zu murmeln. elias, der sich als erster von uns hingelegt hatte und vor erschöpfung bald eingeschlafen war, setzte sich auf. er sagte: die zigaretten sind weg.

welche zigaretten?

er zeigte neben sich auf den estrich. hier ist am abend eine stange zigaretten gelegen, die muss jemand weggenommen haben.

ich sagte, dass vielleicht eine neue welle komme. elias ging mit mir zur brüstung vor, edith, sophie und emine blieben bei unserem nachtlager.

wir konnten nichts tun außer auf den silbern schimmernden horizont hinauszusehen, zu horchen und zu warten. zwischendurch kam sophie, um zu fragen, ob wir inzwischen genaueres wüssten. etwa eine halbe stunde lang standen wir aufgereiht an der kante des flachdachs. im hintergrund das gemurmel der betenden. manchmal war aus der ferne ein schrei zu hören, manchmal der wellenschlag des meeres. dann verlor sich das gemurmel, und die menschen begannen sich wieder miteinander zu unterhalten. hatten sie sich getäuscht? wo sind die uniformierten überhaupt hingekommen? sie waren auf dem flachdach mit ihrem funkgerät herumgegangen und dann einfach verschwunden.

ich machte mich daran, die flasche *blanc de blanc* zu öffnen. aber ich hatte keinen korkenzieher. den hatten die franzosen. aber die wollte ich um nichts mehr bitten, denn sie hatten uns, als wir gegen abend für eine weile von unserem platz weg gewesen waren, ein paar decken genommen. ich wollte die decken nicht zurückbetteln. sie gehörten uns genausowenig wie ihnen. aber sie hatten ihre vollen rucksäcke, und wir hatten nur diese bettdecken.

ich schaffte es nicht, den korken hineinzudrücken, und so ging ich mit der flasche *blanc de blanc* zwischen den sonnensegeln, tanks und rohren umher, auf der suche nach einem gegenstand, der mir dienlich sein könnte, die flasche zu öffnen. im bereich der sonnenkollektoren verbreitete sich mittlerweile erheblicher gestank, und es war ratsam, sich dort vorsichtig zu bewegen. edith war am nachmittag gemeinsam mit einer amerikanerin das gesamte flachdach abgegangen, um den menschen vorzuschlagen, alle leeren flaschen aufzuschneiden und sie hinter den sonnenkollektoren abzustellen, damit sie zum urinieren verwendet werden konnten. die reihe von schräg gestellten sonnensegeln bot in der mondhellen nacht einen gewissen sichtschutz, der dazu einlud, den zwischenraum zur wand für die notdurft zu nutzen. dabei hatten wir fünf – emine gehörte längst zu uns – gegenüber den meisten anderen ein kleines privileg. wir hatten immer noch die rolle klopapier, die edith vom wagen des etagenservice genommen hatte und die wir nun unter der decke wie einen schatz hüteten.

in diesem mittlerweile äußerst unappetittlich gewordenen bereich der sonnenkollektoren gelang es mir, die flasche *blanc de blanc* über den stutzen eines anschlussrohres zu pressen und so den korken hineinzudrücken.

in der aufregung um die neue welle waren die meisten menschen in bewegung gekommen. sie standen in gruppen zusammen und unterhielten sich. die thailänder neben uns hatten zu beten aufgehört. der mann stöhnte, die frau weinte in sich hinein. ihre kinder schienen wieder eingeschlafen zu sein.

wir horchten immer wieder, ob das wasser zu hören war, und ließen die flasche *blanc de blanc* kreisen. was war das eigentlich, was wir erlebt hatten? wir wussten es nicht. es war von einem erdbeben die rede, und irgendjemand hatte das wort tsunami gebraucht. ich kannte dieses wort. ich hatte eine *bbc*-dokumentation gesehen, in der es um den fast zweitausend meter hohen cumbre vieja, einen aktiven vulkan auf der kanareninsel la palma, ging. seinem letzten ausbruch im jahre 1949 folgte eine serie schwerer erdbeben. nach einer woche rutschte die westseite des vulkans etwa vier meter zur see hinab. seither durchzieht eine spalte von nord nach süd die flanke des cumbre vieja.

in der dokumentation behaupteten zwei londoner geologen, bei einem erneuten ausbruch des cumbre vieja könnte seine instabile westflanke abbrechen und ins meer stürzen. der dabei ausgelöste tsunami würde zunächst die westafrikanische küste, später westengland und schließlich auch noch die amerikanische ostküste überfluten, wobei boston, new york und miami keine chance hätten.

dieser theorie war von einem deutschen geologen widersprochen worden. er hielt das für ein horrorszenario. er sagte, von einer überschwemmung der amerikanischen ostküste könne keine rede sein. die gesteinsmenge, die bei einem vulkanausbruch ins rutschen käme, sei viel geringer, als von seinen britischen kollegen angenommen.

die *bbc*-dokumentation berichtete noch von einem anderen flankenabriss, der 1959 in der lituja-bucht von alaska stattgefunden hatte. dort waren aus über tausend metern höhe gesteinsmassen ins wasser gestürzt. die davon ausgelöste welle türmte sich hundertfünfzig meter auf und rollte an land noch einmal fünfhundert meter die anhöhen hinauf. die *bbc*-dokumentation präsentierte zwei augenzeugen dieses ereignisses, die mit ihrem boot über die bäume getragen worden waren.

ich hatte diese dokumentation in lebhafter erinnerung. sie war interessant und spannend gewesen. auf die idee, dass ich je von einer solchen flutwelle betroffen sein könnte, war ich nicht gekommen. nun erzählte ich davon. die männer hatten von einem erdbeben gesprochen. ich stellte mir vor, dass dabei auf einer anderen insel eine flanke abgerutscht war, und hielt das ganze für ein lokales geologisches ereignis. vom ausmaß der katastrophe hatten wir nicht die geringste vorstellung. alle kommunikationsmittel mit der außenwelt waren zusammengebrochen.

emine klammerte sich wie ein kleines kind an edith. sie fragte, wie alt unser kinder seien. sie wunderte sich, dass sie mit uns noch in urlaub fuhren. dann erzählte sie, dass claude zwei kinder in etwa demselben alter habe. sie sagte, dass claude in scheidung lebe und dass es ihr erster urlaub mit ihm sei.

und dann sprachen emine und edith über etwas, was nicht für meine ohren bestimmt war. ich bekam es dennoch mit, weil auch sophie miteinbezogen werden musste. emine hatte die regel bekommen und wusste nicht, was sie nun tun sollte. sophie hatte am nachmittag den inhalt ihres rucksacks auf dem dach ausgebreitet, um ihn trocknen zu lassen. und da waren auch tampons dabei gewesen. ein glücklicher zufall. ich erinnere mich, wie dankbar emine war, als sie die tampons bekam. sie konnte es kaum glauben. ein tampon. was für ein luxuriöses geschenk.

27

als ich ein jahr nach dem tsunami meine sachen zusammenpacke, um am nächsten morgen mit edith erneut nach thailand zu fliegen, überkommt mich plötzlich eine große ängstlichkeit. mir fällt auf, dass ich nur schwarze kleidung ausgesucht habe. obwohl ich gerne schwarz trage, erscheint mir diese auswahl plötzlich wie ein hinweis, dass wir in den tod fliegen. am liebsten würde ich alles wieder auspacken und die reise bleiben lassen. aber gleichzeitig komme ich mir lächerlich vor mit einem solchen aberglauben. dennoch, ich kann nicht umhin, ein paar schwarze t-shirts und hosen wieder auszupacken und sie durch kleidung in anderen farben zu ersetzen. darunter grüne shorts, die aus thailand stammen. aber damals habe nicht ich sie getragen, sondern elias.

in der nacht, oder vielleicht auch schon am abend, hatte jemand eine reisetasche aufs dach des *phi-phi*-hotels gebracht. am morgen fiel mir diese tasche auf. sie stand in der nähe von unserem lagerplatz, und da sie offensichtlich niemandem gehörte, wühlten ab und an leute darin herum und nahmen sich, was sie brauchen konnten. sie war aus segeltuch in den farben blau und rot, hatte an einer seite rollen und trug die aufschrift *roxy, the heart of surfing*. ich kann das deshalb so genau sagen, weil die tasche jetzt in wien steht, in unserer abstellkammer.

im laufe des nachmittags wurden die zimmer derjenigen aufgebrochen, die nicht mehr zurückgekehrt waren. ich beobachtete das mit einem gewissen unbehagen. zwei männer, die sich mit vollem körpergewicht gegen die tür warfen, bis sie aufsprang. und dann in einen fremden raum eindrangen und die habseligkeiten der toten zur allgemeinen verfügung stellten: die getränke in der minibar, die bett- und handtücher, toilettenartikel, kleidung und schuhe. aber waren die bewohner dieser zimmer wirklich tot? vielleicht hatten sie es nur nicht bis zum hotel zurück geschafft und lagen irgendwo in einem anderen gebäude, in das sie sich hineinretten hatten können.

es herrschte eine neue ordnung: wer sich nicht bei seinem eigentum aufhielt, hatte das recht darauf verwirkt. die überlebenden nahmen, was zu haben war. auf einer terrasse, die von unserem dach aus eingesehen werden konnte, saßen ein paar männer, die sich auf das einsammeln von bierdosen und zigaretten spezialisiert hatten. sie tranken und rauchten die ganze nacht. bei uns auf dem dach wäre das nicht möglich gewesen. eine amerikanerin lief auf jeden zu, der sich eine zigarette anzündete, und fuhr ihn an, ob er das hotel in die luft jagen wolle. hier sei alles kaputt, es könnten gase austreten, und das hotel würde dann explodieren. normalerweise wurde die zigarette dann sofort ausgemacht. doch spät in der nacht war die amerikanerin nicht wachsam genug. nachdem wir die flasche *blanc de blanc* getrunken hatten, rauchten elias, ich und noch ein dritter, ein deutscher, an der brüstung stehend eine zigarette, ohne dass uns jemand dabei störte. die amerikanerin war offenbar eingeschlafen.

der morgen des 27. dezember begann mit dem schönsten geräusch, dem der landung eines hubschraubers. er brachte krankenschwestern, verbandsmaterial und einen holzfäller. die maschine wurde mit leichen vollgeladen und flog wieder fort. mitten in die lähmende stille, die auf der insel einkehrte, nachdem sich das schlagen der rotorblätter in der ferne verloren hatte, krachte eine motorsäge hinein. so durchdringend das aufheulen des motors auch war, es führte rundum zu einem aufatmen. endlich geschieht etwas.

ich ging mit emine vom dach des *phi-phi*-hotels zum verbandplatz hinunter. ein mann schnitt palmen um. großartig. das wird den hubschraubern die landung erleichtern. vielleicht können sogar mehrere auf einmal landen. es besteht aussicht, von hier wegzukommen.

während des ganzen vorigen tages waren am horizont immer wieder schiffe aufgetaucht, größere und kleinere.

sie näherten sich langsam der küste. sie fuhren auf den müllteppich zu, manche zogen wie eisbrecher rinnen in die auf dem wasser schwimmenden zivilisationsreste. man sah menschen an bord. die motor- und segeljachtkapitäne hatten ferngläser in der hand und schauten aus sicherer distanz zu uns herüber. wir waren einen tag lang objekte eines allgemeinen katastrophen-sightseeings. keines dieser schiffe kam nahe genug, um jemanden an bord nehmen zu können. es war, als wären wir aussätzige. die freizeitkapitäne hatten vermutlich den film *titanic* gesehen und hatten nun angst, dass ein kampf um die raren bootsplätze losbrechen könnte.

immer wieder kamen gerüchte auf, dass ein schiff der thailändischen marine zu uns unterwegs sei. aber es war nicht zu sehen. und als es dann in der nacht, wie wir meinten, weit draußen schemenhaft zu erkennen war, brachte es keine rettung, sondern nur die falsche nachricht von einer neuen welle.

der verbandplatz war am morgen des 27. dezember mit zusätzlichen matratzen aus dem *cabana*-hotel erweitert worden. emine und ich setzten uns auf eine dieser matratzen nieder und warteten, bis eine thailändische krankenschwester zeit fand, unsere wunden zu verbinden. inzwischen gab es eine gewisse routine, wie die sandstürme bei den abflügen und landungen der hubschrauber zu handhaben waren: wir packten die verwundeten in leintücher ein.

der hubschrauber hatte plastikflaschen mit trinkwasser gebracht. sie wurden am landeplatz verteilt. emine und ich nahmen je zwei flaschen und kehrten aufs dach zurück. dort verkündete eine frau mit lauter und überzeugender stimme, dass nun endlich das marineschiff zu hilfe komme. wir sollten alle zur mole hinuntergehen. edith hatte bislang das dach nicht verlassen. sie hatte, seit ein teil unserer decken zu den franzosen hinübergewandert war, unseren lagerplatz neben dem wasserspeicher gehütet, als wäre es ihr augapfel. sie hatte darauf geachtet, dass jeder seine decke und sein badetuch, das uns als kopfpolster diente, behielt, dass das klopapier vor fremden augen verborgen blieb und dass das wasser der einzigen flasche, die uns für die nacht geblieben war, unter uns fünf schluckweise und gerecht verteilt wurde. nun kam sie erstmals mit nach unten.

wir nahmen die badetücher, packten das klopapier und die wasserflaschen in sophies rucksack und machten uns auf den weg. im halbstock und vor der rezeption lagen noch immer die toten. jemand hatte sie zusammengeschoben und zugedeckt. auf dem weg zur mole kamen wir an weiteren leichen vorbei, die noch offen dalagen. sie waren aufgedunsen und hatten braune und rote flecken bekommen. der hodensack eines mannes war aufgebläht wie ein luftballon.

an der mole hatten sich etwa zweihundert menschen versammelt. wir näherten uns zaghaft. inmitten der wracks von schnellbooten, longtailbooten und anderem müll ragten auch die grünen dächer der bungalows, die einst zum *cabana*-hotel gehörten, aus dem wasser. sie waren nicht zerbrochen, sondern als ganze ins meer hineingeschoben worden. in diesen bungalows hatten hauptsächlich tauchlehrer gewohnt. dem bild der in die ton-sai-bucht hineingeschobenen bungalows bin ich später mehrfach begegnet. es wurde in der tsunami-berichterstattung häufig verwendet.

wir standen am rand der betonmole, die kein geländer mehr hatte. ein süßlicher gestank hing in der luft. hier, am strand der ton-sai-bucht, lagen mehr tote als in der lohdalum-bucht. sie waren von der zweiten welle herübergespült worden. auf türen wurden leichen herbeigetragen und neben der mole am strand abgelegt. angehörige umwickelten ihre toten mit tüchern und verschnürten sie, um sie aufs festland mitzunehmen. das von vier flaggen gezierte schild mit der aufschrift *welcome to phi phi island* hing da, als wäre nichts geschehen. der müll schaukelte träge im wasser. von einem marineschiff war nichts zu sehen. da hörten wir schreie, und sofort brach eine panik aus. alle begannen zu laufen. auch wir liefen, so schnell wir konnten, über die trümmer hinweg zum eingang des *phi-phi*-hotels zurück. wir wussten nicht, was geschehen war, wir dachten, eine neue welle komme auf uns zu.

eine viertelstunde, nachdem wir aufgebrochen waren, saßen wir wieder neben dem wasserspeicher auf dem dach des *phi-phi*-hotels. edith sagte, sie werde diesen platz erst wieder verlassen, wenn ganz sicher sei, dass wir auch wegkommen würden.

das dauerte bis gegen mittag. da erschienen dann tatsächlich zwei fährschiffe am horizont der ton-sai-bucht. langsam tasteten sie sich durch den müll an die mole heran. zwischen den trümmern strömten die menschen herbei. es waren noch gut viertausend lebende auf der insel. sie alle wollten fort.

vom dach aus war zu erkennen, dass es aussichtslos war, noch einen platz auf einem der beiden fährschiffe zu ergattern. wir wollten lieber warten, bis weitere schiffe kamen. und so harrten wir noch eine weile auf dem dach des *phi-*

phi-hotels aus, von dem nach und nach die menschen verschwanden. zurück blieben blutflecken, leere flaschen, zerissene kleidung, tücher, decken, verpackungen, taschen, urin und fäkalhaufen.

ich war in unserer familie der einzige, der ein t-shirt und shorts anhatte. beides war am tag davor an meinem körper eingetrocknet. edith, sophie und elias waren in badebekleidung. sie schützten sich mit den leintüchern gegen die sonne. vor uns stand immer noch die schon mehrfach geplünderte blau-rote reisetasche. ich zog sie heran und packte sie aus. alles, was sie noch enthielt, war brauchbar für uns. edith hatte ja, als wir auf der fassade hockten, ihr zerrissenes top ausgezogen, damit ich es um meine hand wickeln konnte. nun fand sich in der tasche für sie ein blaues, ärmelloses t-shirt und für sophie ein weißes tank-top. weiterhin fand sich für edith ein eierschalenfarbener volant-rock aus baumwolle. er war allerdings viel zu groß, sie musste an der hüfte einen knoten hineinbinden, damit er hielt. sophie bekam eine schwarze, knielange wickelhose, elias grüne shorts mit aufgesetzten seitentaschen, marke *american eagle outfitters*, sowie ein t-shirt. als extra bekamen wir alle gemeinsam ein kleines maniküreset und ein etui von *body shop* mit 3-ml-flakons eau de toilette in mehreren duftnoten.

wir packten unsere badetücher in die reisetasche und verließen das flachdach des *phi-phi*-hotels, auf dem nur noch die franzosen waren, die sich nun ebenfalls für den aufbruch fertig machten. unter den zurückgelassenen dingen war ein buch, eine einführung in den buddhismus in englischer sprache. elias hob es auf und nahm es an sich. ich erinnere mich sehr gut an den moment, als ich sah, dass an der reisetasche, die ich hinter mir herzog und über die rohre hob, ein adressschild hing. das war kurz bevor wir zum treppenhaus kamen. ich warf einen blick auf dieses schild, riss es ab und ließ es auf den boden fallen. ich wollte nicht mit einer fremden tasche erwischt werden.

dass die tasche einer nicht ganz schlanken jungen frau gehörte, war aus dem inhalt zu erkennen. von meinem kurzen blick auf das schild habe ich nur behalten, dass es eine amerikanische adresse war. heute bedaure ich, dass ich das schild weggeworfen habe. ich wünsche mir, dass die besitzerin dieser tasche noch lebt. ich würde ihr gerne in großer dankbarkeit alle ihre sachen zurückschicken. selbst die flakons mit eau de toilette in den duftnoten *chymara, citrella, amorito, altaro und minteva* haben wir aufgehoben.

28

hinter dem *cabana*-hotel, das eine großbaustelle ist, steht ein anderer, wesentlich kleinerer rohbau. die französische regierung und das französische rote kreuz, so wird auf transparenten in mehreren sprachen verkündet, finanzieren hier den wiederaufbau des krankenhauses. von der alten krankenstation ist nichts übrig geblieben. die insel war nach der flutwelle ohne jede medizinische versorgung. an medikamenten und verbandmaterial stand nur das zur verfügung, was sich in einigen nicht fortgeschwemmten privatapotheken fand.

wir gehen zur lohdalum-bucht hinüber, wo wegen der ebbe das wasser, wie bei unserer ankunft vor einem jahr, weit zurückgewichen ist. es liegen nur wenige longtailboote im sand. ein bemaltes holzschild mit der aufschrift *monkey bar* weist zum ende der bucht, hinter der ein steiler, vom dschungel überwucherter berg aufragt. dort, am ende der lohdalum-bucht, steht eine hütte und davor eine art holzgerüst.

der besitzer, ein mann mitte dreißig, mit nacktem, stark tätowiertem oberkörper, und zwei seiner freunde sind gerade dabei, die bar wieder aufzubauen. im moment ist sie nur eine luftige theke mit einem dach aus palmwedeln. *welcome*, steht auf einem schild. und auf einem anderen: *fanta, sprite, soda, 30 baht*. auf der theke sitzt ein aus holz geschnitzter affe.

außer uns ist nur ein einziger gast da, ein engländer aus southampton. ut, so heißt der besitzer der *monkey bar*, freut sich, dass neue kunden gekommen sind. wir erzählen ihm, dass unsere kinder am abend vor dem tsunami in dieser bar waren.

er sagt, es ist nichts übrig geblieben, von der bar nicht und von meinem haus nicht. er sei schon wach gewesen, weil er wegen des weihnachtsgeschäfts eine menge besorgungen zu erledigen hatte. gerade war er nach draußen gegangen, da sah er die welle kommen. er lief den hügel hinauf. seine beiden brüder, der eine zwanzig, der andere achtundzwanzig, wurden im schlaf überrascht. er selbst wurde am nächsten tag nach krabi evakuiert.

mit dem katamaran? frage ich.

ut nickt. und ich sage, dass wir wahrscheinlich auf dem selben schiff waren.

immer wieder, so erzählt ut, ist er von krabi zurückgekommen, um die stelle, an der einst seine hütte und seine bar standen, aufzusuchen. seine brüder waren spurlos verschwunden, und von dem, was ihm einst gehört hat, war nichts mehr zu finden. absolut nichts. es war, als wäre die bar nie hiergewesen. und dann beschloss er gemeinsam mit zwei freunden, sie wieder aufzubauen. zuerst die hütte zum wohnen. die ist inzwischen fertig, und nun die bar. abseits der *monkey bar*, die so heißt, weil jeden tag morgens und abends die affen vom berg herunterkommen, um sich futter zu holen, hat ut einen kleinen holzaltar errichtet, auf dem er, im gedenken an seine brüder und in der hoffnung auf eine glücklichere zukunft, opfer darbietet.

der engländer aus southampton hat uns zugehört. er war einmal schiffskoch und träumt nun davon, sich in südspanien niederzulassen und eine familie zu gründen. eigentlich wollte er diese insel nur kurz besuchen, nun sei er aber schon ein paar monate lang hier hängengeblieben und habe geholfen, wo er gebraucht wurde.

während wir reden, sind die beiden freunde des barbesitzers mit sägen, stemmen und hobeln beschäftigt. der eine sagt etwas von einem *bamboo-pot*. dann entzündet er eine wasserpfeife aus bambusrohr und lässt uns alle ein paar mal kräftig ziehen.

auch der andere macht mit dem thekenbau schluss. er bereitet ein grillfeuer. ut geht mit zwei großen fischen und einigen tintenfischen ein stück ins meer hinaus, zu einer flachen stelle, in der er die fische zu waschen und auszunehmen beginnt. ich folge ihm und sehe ihm dabei zu. er sagt, dass er am liebsten jeden tag zum fischen hinausfahren würde. das boot habe ich auch verloren, sagt er.

und das hier? frage ich. wir sind gerade an einem longtailboot vorbeigegangen, das unmittelbar vor der bar am strand liegt.

das gehört nicht mir, aber ich darf es benutzen.

zum abschied schenkt uns ut zwei hibiskusblüten. wir stellen sie in unserem bungalow in eine aufgeschnittene plastikflasche.

am abend gehen wir noch einmal fort, um auch noch die zweite bar aufzusuchen, in der unsere kinder in der nacht vor dem tsunami gewesen waren, die *reggae-bar*.

sie ist die größte bar auf phi phi island. wir betreten sie zum ersten mal. im unterschied zur *monkey bar* ist sie gut besucht. die jugendlichen sitzen vor allem im hof, wo sich die tische um einen boxring gruppieren, in dem um zehn uhr abends eine *kickboxing-night* beginnen soll. es wird laute reggaemusik gespielt. auf großen monitoren laufen fußball-spiele des uefa cups. zwei seiten dieses hofes werden von einem dreistöckigen, nach vorne offenen betonbau begrenzt. im ersten stock stehen billard- und pool-tische, im oberen stock befindet sich eine weitere bartheke und eine tanzfläche.

die bar füllt sich mit jugendlichen aus aller welt. es werden fast nur *schwedische buckets* getrunken, die hier im angebot verkauft werden. man zahlt einen *bucket* und bekommt zwei. die stimmung ist ausgelassen. zwei tief dekolletierte mädchen kommen herein. ihnen folgen zwei ganz in weiß gekleidete herren, die sie zur bar führen und bald darauf zu küssen beginnen. edith und ich beobachten die menschen, wir beginnen über sie geschichten zu erfinden. auch über die blondine, die sich im laufe des abends vier verschiedene frisuren macht. zwischendurch steckt sie den kopf mit ihrer freundin zusammen. sie lachen und fotografieren sich selbst mit ausgestreckter hand. bis zwei herren vom nebentisch hilfreich einspringen und bleiben. nicht um zehn, wie angekündigt, sondern erst um elf uhr abends beginnt das *kickboxing*. dann aber folgt ein *fight* dem anderen. das publikum ist begeistert und betrunken.

diese bar hat allen grund zu feiern. ob das den jungen leuten hier bewusst ist? wer es hierher schaffte, war der hölle entkommen. siebzig prozent der häuser rundum wurden zerstört, die *reggae bar* blieb stehen. sie wurde zum rettungsplatz für hunderte von menschen aus den umliegenden gassen.

wir trinken und schauen dem ausgelassenen treiben zu, da wird die luft plötzlich unangenehm, sie beginnt nach kloake zu stinken. wir brechen sofort auf. wo immer man sich auf phi phi island niederlässt, es kann, je nachdem, wie der wind weht, jederzeit passieren, dass man plötzlich von entsetzlichem gestank umgeben ist. die abwasserentsorgung, die nach dem tsunami völlig zerstört war, ist noch immer ein provisorium.

29

wir haben den großen blauen schirm mit der aufschrift *arayaburi resort* dabei, weil es zu regnen nicht mehr aufhören will. man kann in ton sai village keine hundert meter gehen, ohne an einem massagesalon vorbeizukommen. *massage!*, *massage!*, rufen die frauen, wobei sie das zweite a in die länge ziehen und die stimme dabei ein wenig anheben. beim dritten oder vierten salon entschließen wir uns, hineinzugehen.

der raum hat etwas von einem matratzenlager. wir sind nicht die einzigen kunden. es wirkt komisch, wie sich die kleinen thailänderinnen über die großen europäischen körper hermachen. sie besteigen sie regelrecht, setzen sich darauf, reiben sie mit öl ein und rollen ihre ellbogen auf ihnen ab.

vor mir steht auf einem gesims ein kleiner schrein mit einer figur, die ein mann und eine frau gleichzeitig zu sein scheint. wie zum gruß hält sie die hand hoch, allerdings abgewinkelt, als wollte sie einen schwulen verspotten. ich ahme diese geste nach. die masseuse lacht. wer ist das, frage ich. sie sagt, es sei ein zen-buddha. neben dem buddha steht das gerahmte foto eines mannes.

als die masseuse meine linke hand zu massieren beginnt, will sie meinen zusammengekrümmten kleinen finger auseinanderziehen, was aber nicht geht.

was ist das? fragt sie.

mein tsunami-finger, antworte ich.

sie lacht. ich sage, ich meine es ernst. wir beginnen über den tsunami zu reden. die masseuse macht mich auf das foto neben dem zen-buddha aufmerksam und zeigt auf eine kollegin, die gerade einer jungen blondine die nägel manikürt. er war ihr mann, sagt sie. er ist im tsunami gestorben.

die witwe ist jung, kaum älter als zwanzig. sie blickt zu uns herüber. die masseuse hält meine hand hoch und erklärt ihrer kollegin in einem tonfall, als würde sie einen witz erzählen, woher mein verkrüppelter finger stammt. die frau, so kommt mir vor, kann dazu ebenfalls nur lachen. ihr mann war koch im *princess*. aber selbst als sie das erzählt, scheint sie noch zu lächeln.

wie alt war er, frage ich.

dreiundzwanzig, sagt sie, noch immer lächelnd. nur die blondine, die gerade maniküriert wird, blickt betreten drein.

und sie, frage ich meine masseuse, wie haben sie überlebt?

sie verweist auf eine treppe am hinteren ende des raumes. wir sind alle da hinaufgelaufen, sagt sie. das haus hat zum glück standgehalten. sie erzählt von den toten dieser gasse, von den nachbarn und lacht immer noch dabei. sie habe versucht, so schnell wie möglich heimzukommen. sie wollte nur noch heimfahren. ich wisse ja, wie lange es gedauert hat, bis man weg konnte.

ich habe plötzlich wieder das bild der an der mole nach vorne drängenden thais vor mir. die touristen schrien in einem fort: *calm down! stay in line! don't push!*, doch das nützte nichts. die thailänder sahen das schiff liegen. sie schrien aufgeregt durcheinander, sie humpelten und schlüpften mit ihren taschen und beuteln zwischen uns durch und ließen sich durch nichts aufhalten. wir wichen zurück, weil wir angst hatten, ins wasser gestoßen zu werden.

die mole war eine holprige betonplattform. die seitenteile, die das geländer gehalten hatten, waren von der flut weggerissen worden. wir hatten angst, die plattform könnte unter dem gewicht der drängenden menschenmassen zusammenkrachen. so hilfsbereit die thailänder sonst auch waren, als die ersten schiffe anlegten, waren sie nicht zu bremsen. sie wollten so schnell wie möglich weg von dieser insel, so schnell wie möglich nach hause zu ihren familien. die ersten schiffe, die phi phi island verließen, waren gefährlich überladen. selbst als die brücke schon zurückgezogen war, sprangen immer noch menschen zum schiff hinüber und klammerten sich an der reling fest.

die masseuse sagt, sie habe so viel geweint, wie ihr ganzes leben nicht. sie habe über ein halbes jahr lang nichts verdienen können. sie spricht vom weinen und lacht dabei. später, als sie mit der massage schon fast fertig ist, fragt sie mich, zu welcher *full moon party* ich heute abend gehe. ich weiß nichts von einer *full moon party*. sie erklärt mir, dass heute überall *full moon parties* gefeiert würden. ich sage, dass ich wahrscheinlich zu hause bleibe. sie deutet zu edith, die ein paar plätze weiter hinten im raum massiert wird, und fragt: bei der frau? ich sage, ja. sie sagt: und wenn die frau schläft, kommst du zu uns zur *full moon party*.

beim zahlen, als edith schon voraus geht, beugt sich die masseuse zu mir herüber und flüstert mir ins ohr: *i want to see you tonight*.

wir gehen in ein restaurant, das dem massagesalon gegenüberliegt. es ist neu eingerichtet, mit eleganten möbeln aus dunklem holz. man kann hier, wie ein folder verrät, auch an thailändischen kochkursen teilnehmen. neben unserem tisch gibt es ein regal, auf dem ein englischer thailand-reiseführer liegt. er ist vor dem tsunami erschienen. der teil über die phi-phi-inseln ist so oft verwendet worden, dass er sich von selbst aufschlägt. über den explodierenden tourismus ist dort zu lesen mit genauer charakterisierung aller hotels und unterkünfte. und dann wird auch noch über ein abgelegenes dorf an der nordseite der insel berichtet, das von nomadischen seefahrern, sogenannten *sea gypsies*, bewohnt wird. tourismus gebe es dort keinen.

der besitzer des lokals ist engländer. er serviert uns die thailändischen gerichte in viereckigen porzellantellern. während des tsunamis war er in phuket in einem anderen lokal tätig, das verschont geblieben ist. ich spreche ihn auf die *sea gypsies* an. er sagt, dass keiner von ihnen ums leben gekommen ist. als das meer außerhalb der normalen leezeiten zurückwich, flüchteten sie in die berge.

nach dem essen schaue ich im laden nebenan einem spindeldürren rastamann zu, wie er zu lauter heavy-metal-musik einem touristen die brustwarze pierct. zuerst wird alles auf einem bord angerichtet, desinfektionsmittel, eine dicke nadel, sterile tupfer, eine zange, wattestäbchen und vaseline. der eisendorn, den der kunde gewählt hat, wird in eine desinfektionslösung gelegt, die frisch ausgepackte nadel in die vaseline gesteckt. der junge mann nimmt auf einer liege platz, wie auf einem operationstisch. der rastamann zieht von oben eine leuchte herab und schaltet sie ein. sie wirft helles licht auf die linke brust des kunden. immer noch dröhnt heavy-metal-musik. der rastamann reißt eine plastikpackung auf, nimmt antiseptische handschuhe heraus und zieht sie sich über. zwei freunde des kunden stellen sich mit günstigem sichtkontakt auf und schalten ihre filmkameras ein. die linke brust des kunden wird desinfiziert, dann wird die brustwarze in die zange genommen und mit der nadel durchstoßen. der junge mann verzieht dabei ein wenig den mund. in den hohlraum am hinteren ende der nadel wird der eisendorn gesteckt, die nadel wird durchgezogen, und der dorn steckt im nippel. er muss nur noch zugeschraubt werden. die prozedur geht fast unblutig ab.

30

wir fahren mit dem boot hinaus, und es ist zufällig der erste tag seit unserer rückkehr nach phi phi island, an dem fast ununterbrochen die sonne scheint. auf dem schiff hätten hundert personen platz gehabt, aber wegen des ständigen regens in der vergangenen woche haben sich für die ganztägige tour nur zwanzig teilnehmer gefunden. ein junger mann, der für unsere betreuung zuständig ist, erfasst die anzahl der vegetarier für das mittagessen und verteilt tauchermasken, schnorchel und flossen. vor dem tsunami, so erzählt er mir, wohnte er gemeinsam mit seiner mutter in der hüttensiedlung im zentrum von ton sai village. er war gerade an bord eines schiffes, dessen passagiere sich für einen tauchgang fertig machten. plötzlich trübte das meer sich ein, und es kam eine ungewöhnlich starke strömung auf. zu stark, um zu tauchen. und so fuhren sie zurück und fanden keine stelle mehr, an der sie anlegen hätten können. die leiche der mutter wurde erst wochen später, beim wegschaufeln des mülls gefunden.

am vormittag umrunden wir phi phi leh und schnorcheln inmitten hunderter anderer touristen. unter uns die leuchtenden farben der riffe, über uns die steilen felsen. an deck haben edith und ich unseren platz neben zwei jungen schottinnen, die seit drei monaten unterwegs sind, vor allem im regen, wie sie sagen. sie sind so entzückt über den heutigen sonnenschein, dass sie erst zu mittag, als wir nach phi phi don zurückfahren, merken, wie rot ihre haut geworden ist.

unser boot ankert im äußeren bereich der ton-sai-bucht, vor einem strand, der *long beach* genannt wird und bei jugendlichen touristen sehr beliebt ist, weil die unterkunft dort weniger kostet als in ton sai village. ein longtailboot bringt eine ladung mit lunchpäckchen, die auf unser boot heraufgereicht werden. unser thailändischer betreuer verteilt die styroporbehälter. *meat or vegetarian?*, fragt er.

es sind die gleichen styroporbehälter, wie sie am nachmittag des 27. dezember 2004 aus dem hubschrauber ausgeladen wurden. und sie enthalten die gleichen gerichte, reis mit hühnerfleisch oder reis mit gemüse.

wir hatten in der umgebung des provisorischen lazaretts beim hubschrauberlandeplatz ein paar stunden lang gewartet, weil wir hofften, das gedränge auf der mole würde nachlassen. wir hatten mittlerweile alle an händen und füßen verbände angelegt bekommen. edith auch auf dem rücken und emine an der brust. wir saßen auf dem boden oder, wenn gerade ein platz frei war, auf einer der matratzen, wir tranken wasser, das ein hubschrauber am vormittag geliefert hatte. wir gingen umher und sahen uns das desaster genauer an, wir warteten, bis das gedränge auf der mole nachlassen würde. aber da hätten wir noch lange warten müssen. seit die ersten schiffe gekommen waren, strömten immer mehr leute herbei. manche wurden getragen. und dann kam ein hubschrauber, aus dem hunderte von styroporbehältern ausgeladen wurden. wir saßen auf dem boden und aßen dieses reisgericht. sieht man von den paar crackers ab, die wir am vorabend bekommen hatten, war es unser erstes essen nach dem tsunami. aber keiner von uns hatte einen sonderlichen appetit inmitten dieser trümmerlandschaft und dem von stunde zu stunde deutlicher wahrnehmbaren verwesungsgeruch.

elias erzählt, dass er auf die toilette musste und deshalb zum *cabana*-hotel hinüberging. er betrat einen dieser kaputten flure, die voll waren mit müll und gerümpel, weil im *cabana* die flut durch das erdgeschoss regelrecht hindurchgeschossen war. da kam ihm ein typ mit einer axt entgegen. elias, mit den horrorfilmen der letzten jahre wohlvertraut, befürchtete das schlimmste. o-ton elias: ich habe mir gedacht, der ist durch die welle verrückt geworden. der kommt auf mich zu, ich krieg eine ur angst. da lächelt er freundlich, nimmt einen pass aus der tasche und fragt mich, ob ich den kenne. ich war erleichtert, konnte ihm aber nicht helfen. er hat seinen bruder gesucht. dann hat er mit der axt eine tür aufgeschlagen. und ich bin weitergegangen, immer noch auf der suche nach einem klo. dann bin ich in eines der offen stehenden zimmer hinein. da stand ein schiff drin. das hat es über die terrasse hereingedrückt. das klo war schon ganz vollgeschissen. ich habe die tür offen gelassen, weil es ja kein licht gab, dabei aber angst gehabt, dass jemand kommen könnte und mich erwischt, wie ich in einem fremden zimmer aufs klo gehe. ich glaube, ich war selbst schon verrückt.

als wir uns am nachmittag in all diesem gedränge schließlich auf einem motorkatamaran wiederfanden, wussten wir nicht, wohin die reise ging. hauptsache, weg von der insel, hauptsache, weg von den toten. an bord erfuhren wir, dass wir uns auf einem fährschiff nach krabi befanden. der kapitän legte erst ab, nachdem alle passagiere, die nach beendigung des boardings noch an deck gesprungen waren, das schiff wieder verlassen hatten. das war beruhigend, wir hatten einen kapitän, der uns keiner neuen gefahr aussetzen wollte.

bei der ankunft in krabi stießen wir auf eine geradezu überwältigende hilfsbereitschaft. man hatte am landesteg ein lazarett errichtet. alle verletzten wurden hier untersucht und neu verbunden. sophie hatte neben kleineren verletzungen vor allem eine tiefe schnittwunde am fuß. als die wunde versorgt wurde, kollabierte sie. wir wurden selbst gerade behandelt und konnten ihr nicht zu hilfe kommen, wir sahen nur, wie sie plötzlich blass wurde und zurücksank. die krankenschwester hielt ihr ein fläschchen unter die nase.

o-ton sophie: in dem fläschchen war ammoniak. ich war ziemlich weggetreten. auf einmal spürte ich, wie zwei hände von hinten mein gesicht anfassten. sie griffen auf meine schläfen und auf meine stirn und begannen, mich zu massieren. langsam wurde mir wieder klar vor augen. es war nicht die krankenschwester, sondern eine alte frau, die mich massierte, eine thailänderin. ihre kleider bestanden aus irgendwelchen übergeworfenen fetzen, und für mich sah sie ein bisschen aus wie eine magierin. ihre bewegungen waren ganz sanft und langsam. das tat gut. sie löste meinen zopf und begann, meine haare mit ihren fingern zu frisieren. sie massierte auch meine kopfhaut. dann wühlte sie in ihrer tasche und zog zwei violette, mit glitzersteinen verzierte haarspangen hervor. sie flocht mir zwei zöpfe und befestigte sie mit den spangen an meinem hinterkopf, damit mir bei dieser hitze keine haare ins gesicht hingen. es war merkwürdig, dass inmitten einer so großen katastrophe jemand daran dachte, mir eine schöne frisur zu machen. es war eine liebevolle geste, die mir half, meine anspannungen ein wenig zu lösen. ich weiß nicht, wie lange ich so dalag, den kopf auf dem schoß der alten frau, aber ich glaube, es war eine ganze weile. als ich schließlich aufstand, drückte sie mir ein kleines buntes stäbchen in die hand, das aussah wie ein stift. es war aber eine flüssigkeit darin. sie deutete mir, dass ich diese flüssigkeit in die nase spritzen und gleichzeitig einatmen sollte. sie lächelte dabei. sie hatte so ein herzliches und zugleich beruhigendes lächeln.

ich nahm sophies begegnung mit der alten frau nur am rande wahr, weil zu dieser zeit gerade meine wunden mit desinfektionsmitteln ausgewaschen wurden, was nicht ohne schmerzen abging. ein arzt entschied, dass ich ins krankenhaus gebracht werden müsste. man verfrachtete mich in einen bereitstehenden rettungswagen, in dem schon andere verletzte saßen. ich bestand darauf, dass meine familie mitkommen konnte. in dem wagen war aber nicht mehr genug platz für uns alle, und so stieg ich wieder aus. beim warten auf den nächsten rettungswagen wollten wir nicht die wenigen lazarettplätze blockieren, die für andere verletzte benötigt wurden, und so verließen wir den landesteg. hinter der uferstraße gab es eine reihe von kleinen imbissläden und einen getränkekiosk mit überdachten sitzplätzen. dort ließen wir uns nieder. die frau, der der kiosk gehörte, begrüßte uns, als wären wir mögliche kunden. als sie merkte, dass wir nichts kaufen konnten, weil wir kein geld hatten, führte sie uns zum kühlschrank, und jeder konnte sich ein getränk aussuchen. immer noch waren wir zu fünft. mit ihren achtundzwanzig jahren hätte emine unsere tochter sein können. edith und ich waren genau so viele jahre verheiratet.

doch dann wurden wir von emine getrennt. als der nächste rettungswagen kam, blieb wieder kein platz für uns alle, weil die verletzten natürlich vorrang hatten. da sprach der arzt einen privatmann an und bat ihn, uns zum krankenhaus zu bringen. aber nur die familie, sagte er. die andere frau soll hier bleiben, sie wird mit dem bus in ein sammellager gebracht. emine wollte sich jedoch von uns nicht trennen.

sie spricht nur französisch, sagte ich. der arzt fragte unter den freiwilligen helfern, die hier im lazarett tätig waren, ob jemand französisch spreche. es meldete sich eine junge kanadierin. sie sagte, sie werde sich um emine kümmern. der mann, der uns zum krankenhaus bringen wollte, wartete schon auf uns. die kanadierin nahm emine beim arm und wollte sie vom lazarett wegbringen. wir hatten gerade noch gelegenheit, sie zu umarmen und ihr alles gute zu wünschen. da aber keiner von uns etwas zu schreiben hatte, waren wir in der eile nicht in der lage, adressen oder telefonnummern auszutauschen. emine hatte tränen in den augen, als wir uns von ihr abwandten und mit dem thailänder zu seinem auto gingen.

wir haben seither oft über diesen harten abschied gesprochen. aber wir waren damals nicht in der lage, den anordnungen des arztes zu widersprechen.

im krankenhaus von krabi fuhren wir bis an die auf betten und krankentragen liegenden patienten heran, die man im freien gelagert hatte, weil das innere des krankenhauses schon völlig überfüllt war. dennoch gab es ein erstaunlich gut funktionierendes notsystem. die eingangshalle war ein chirurgischer massenversorgungsraum. links vom eingang war ein aufnahmeteam tätig. jeder patient, der ankam, wurde zuerst von diesem team diagnostiziert und registriert. die mir gerade erst vor einer stunde angelegten verbände wurden wieder abgenommen, und ich bekam ein anhängeschildchen um den arm gebunden. auf dem stand zuerst das datum der einlieferung: 27.12.2547. (um zu unserer zeitrechnung zu kommen, muss man fünfhundertdreiundvierzig jahre abziehen, denn nach buddhistischer überlieferung ging buddha fünfhundertdreiundvierzig vor christus achtzigjährig ins nirwana ein). danach mein name, mein alter, mein herkunftsland und dann der name des diagnostizierenden arztes: peter. dem folgte, auf thailändisch geschrieben, die diagnose. ich wurde einem gerade frei gewordenen bett in der eingangshalle zugewiesen. dort legte ich mich hin und wartete etwa eine viertelstunde. dann kam eines der vielen dreierteams mit einem rollwagen auf mich zu, eine ärztin, eine krankenschwester und ein krankenpfleger. sie gingen sofort ans werk. ich ließ einfach alles über mich ergehen. ich achtete lediglich darauf, ob sie eine frische injektionsnadel verwendeten. das hatte mir die krankenschwester empfohlen, die mich am morgen auf phi phi island verbunden hatte. der krankenpfleger nahm aus dem rollwagen eine in plastik verschweißte injektionsnadel. die ärztin – heute bezweifle ich, ob sie wirklich eine ausgebildete ärztin war – betäubte den kleinen finger und den ringfinger jeweils mit mehreren einstichen und nähte die schnittwunden zusammen. dann entdeckte sie zwei weitere schnitte am mittelfinger. ich weiß nicht, ob es daran lag, dass sie nicht mehr genug lokalanästhetikum hatten, jedenfalls sagte die ärztin, das werde jetzt ein wenig weh tun, und ich solle am besten mit den füßen gegen das bett drücken. die schwester und der pfleger hielten meine hand, die ärztin nähte die beiden schnittwunden am mittelfinger zu. ich versuchte, die hand möglichst ruhig zu halten, während ich die füße so kräftig auf das bett drückte, dass es mich aufbäumte.

bevor die hand verbunden wurde, musste ich auf eine kontrollärztin warten. sie ging von bett zu bett und untersuchte alle patienten, die entlassen werden sollten. ein junger mann, vielleicht ein freiwilliger helfer, begleitete sie mit einer mappe und einem stempelkissen. die kontrollärztin stellte entlassungsscheine aus. mit durchschrift. immer wenn die kontrollärztin einen patienten untersuchte, lief der junge mann zum aufnahmeteam beim eingang, um die durchschrift des vorigen patienten abzuliefern. dort wurden die daten in einen computer getippt.

die kontrollärztin betrachtete meine zusammengenähten finger. dann sagte sie etwas auf thailändisch. sie zeigte auf die nähte. die frau, die mich behandelt hatte, nahm ein skalpell zur hand und trennte, finger für finger, alle nähte wieder auf. die krankenschwester zog mit einer pinzette die fäden heraus und legte sie auf ein vom pfleger bereitgehaltenes tablett. die kontrollärztin erklärte mir auf englisch, die wunden seien infiziert und müssten deshalb offen gehalten werden. dann zog sie am kleinen finger bei den schnitten das fleisch auseinander und sagte – was ich schon begriffen hatte, als ich noch auf der fassade des phi-phi-hotels saß –, die sehnen seien durchtrennt und das bedürfe einer eigenen operation.

ich verließ das krankenhaus krabi in demselben zustand, in dem ich es betreten hatte. dennoch verdanke ich diesem krankenhaus drei wesentliche hilfen. während ich behandelt wurde, war es edith erlaubt, unsere familie in österreich anzurufen. ich bekam zwei plastiksäckchen mit auf den weg. das eine enthielt schmerzstillende tabletten, das andere ein starkes antibiotikum. und ich bekam einen entlassungsschein, auf dem deutlich zu lesen war: *urgently needs hospital treatment.* dieser schein wurde einen tag später für den österreichischen botschaftsangestellten in bangkok zu einem guten argument, als er versuchte, die *austrian airlines* zu überreden, uns nach wien mitzunehmen.

31

mitte jänner 2005 liege ich im wiener lorenz-böhler-krankenhaus. man hat meinen kleinen finger von oben bis unten aufgeschnitten und die mittlerweile geschrumpfte sehne an den stellen, an denen sie durchschnitten war, wieder zusammengenäht. wegen der starken infektion konnte die operation erst vierzehn tage nach unserer ankunft in wien erfolgen.

aus dem zimmer gegenüber kommt gelegentlich ein rollstuhlfahrer heraus. er ist vielleicht vierzig jahre alt, unrasiert und hat kurze, grau melierte haare. am vormittag war der verteidigungsminister bei ihm zu besuch. als der rollstuhlfahrer nach dem essen wieder den gang entlangfährt, folge ich ihm nach einer weile. ich finde ihn im treppenhaus, wo er automatenkaffee trinkt und eine zigarette raucht. wir kommen ins gespräch.

der mann heißt johann baumgartner und stammt aus tirol. er war gemeinsam mit seiner frau regina und seinem sohn david in khao lak. seine frau liegt auf der intensivstation einen stock unter uns, sein elf jahre alter sohn gilt als vermisst. johann baumgartner sagt, es gebe hinweise, dass david noch lebe. sobald er hier rauskomme, wolle er nach thailand fahren, um ihn zu suchen.

sie waren in ihrem bungalow gewesen. david saß beim offenen eingang, die füße auf der terrasse. plötzlich war ein lautes rauschen und brausen zu hören. der holzbungalow machte einen ruck, und es drang wasser durch die tür. johann baumgartner erfasste die situation. schnell ins bad, rief er. das bad war der einzige raum im bungalow, der gemauerte wände hatte. sie liefen ins bad. doch da kam innerhalb von sekunden die welle. die wände wackelten, die fliesen fielen herab.

und dann brach der bungalow zusammen, und sie wurden vom wasser fortgerissen.

johann baumgartner erzählt ruhig und gefasst. ich bitte ihn um eine zigarette.

er war lange unter wasser und hatte eigentlich schon aufgegeben. da gelang es ihm, inmitten der trümmer nach oben zu kommen und sich in dem landeinwärts schwimmenden müllteppich oben zu halten. er wurde, mit allem, was um ihn war, am rande des nationalparks abgeladen. er befreite sich aus dem müll und lief dann mit anderen in die berge. er hatte eine tiefe wunde an den beinen und wurde ins krankenhaus gebracht. zwei tage später erfuhr er, dass auch seine frau noch lebte und schwer verletzt im krankenhaus von phuket lag.

seine große familie ist seither via telefon und internet damit beschäftigt, david zu finden. es gebe mehrere thailänder, die bestätigten, ihn gesehen zu haben. vor allem gebe es eine eintragung in einem kleineren krankenhaus.

dort sei zwei tage lang ein david baumgärtner behandelt worden. der umlaut sei sicher ein schreibfehler. bisher seien zwar alle versuche, seine spur aufzunehmen, fehlgeschlagen, aber die hinweise mehrten sich. ein wünschelrutengänger habe sich angeboten, bei der suche behilflich zu sein. er zweifle zwar an seiner suchmethode, aber in seiner lage sei er für jede hilfe dankbar. sobald er hier rauskomme, halte ihn nichts mehr in wien. er werde seinen sohn finden.

ein paar stunden später fährt johann baumgartner mit seinem rollstuhl erneut an der offenen tür meines krankenzimmers vorbei. er hält kurz an. seiner frau gehe es besser, sagt er. er müsse ihr homöopathische medikamente bringen.

am abend, der in krankenhäusern sehr früh beginnt und deshalb sehr lang werden kann, sind meine beiden zimmergenossen mit ihren fernsehapparaten beschäftigt. um in ruhe lesen zu können, gehe ich auf den gang hinaus und nehme in einem der besuchersessel platz.

mit dem buch, das ich gerade lese, john irvings *hotel new hampshire*, hat es eine seltsame bewandtnis. ich habe john irving nach einer lesung in iowa, wo er aus seinem damals aktuellen roman *son of a circus* las, persönlich kennengelernt und mir am nächsten tag mehrere bücher von ihm gekauft. das *hotel new hampshire* begann ich auf dem rückflug nach wien zu lesen, kam dann aber jahrelang nicht dazu, die lektüre fortzusetzen. bevor wir nach phi phi island aufbrachen, zog ich dieses buch aus dem regal und begann es auf dem flug nach bangkok erneut zu lesen. es verschwand mit all unseren anderen sachen in der flut. als ich eine woche später in wien bemüht war, wieder ins normale leben zurückzufinden, gehörte dazu auch die aufgabe, ein päckchen abzuholen, das in der zeit unserer abwesenheit am postamt hinterlegt worden war. das päckchen enthielt den neuesten band der von der *süddeutschen zeitung* herausgegebenen romanbibliothek, john irvings *hotel new hampshire*. ich nahm ihn mit ins krankenhaus und setzte nun die auf englisch begonnene lektüre auf deutsch fort.

doch dann werde ich abgelenkt. eine alte frau mit weißem kopfverband wird in ihrem bett den gang entlanggeschoben. vor dem glasfenster des büros der stationsschwester wird das bett abgestellt. die frau beginnt an den hochgeklappten seitenteilen zu rütteln. dann setzt sie sich auf und sagt mehrmals: mir ist kalt.

eine schwester kommt, legt sie hin und deckt sie zu. die frau weiter: mir ist kalt, mir ist kalt, mir ist kalt …

die schwester geht in ein krankenzimmer. die frau mit dem kopfverband setzt sich erneut auf. sie blickt zu mir herüber. ich habe drei kinder geboren, sagt sie. dann sagt sie: helfen sie mir. warum hilft mir denn keiner? hilfe! wer hilft mir?

sie wird immer lauter. die schwester kommt zurück.

warum tut mir das so weh, fragt die alte frau.

weil sie sich die haut heruntergerissen haben, sagt die schwester. am besten, sie legen die hand so her, lassen sie die hand ruhig so, und in einer halben stunde schauen wir uns das wieder an.

die schwester geht zurück in das patientenzimmer. ein krankenpfleger kommt zur alten frau. er sagt: guten abend, ich bin der pfleger thomas und habe heute mit der schwester silvia nachtdienst.

die alte frau fragt: wo bin ich hier?

sie sind im krankenhaus, sie stehen am gang.

ich habe drei kinder geboren.

nicht aufstehen, bleiben sie liegen.

ich muss aufs klo.

kommen sie, ich helfe ihnen. nicht hier festhalten! halten sie sich an mir fest.

ist das klo so weit weg?

nein, es ist gleich hier. kommen sie, gehen wir.

währenddessen wird noch eine andere alte frau in ihrem bett vor das schwesternzimmer geschoben. auch sie beginnt an dem seitlich hochgeklappten gitter zu rütteln.

hallo, wer ist da, ruft sie, als sie mich entdeckt.

der pfleger bringt die frau mit dem kopfverband zurück und geht fort. die frau mit dem kopfverband fragt die andere frau: wo ist hier ein klo? die andere weiß es nicht.

wenn es nicht so weit wäre, sagt die frau mit dem kopfverband, das klo ist sicher sehr weit.

sehr weit, sagt die andere.

die frau mit dem kopfverband setzt sich auf und ist gerade im begriff, aufzustehen, da kommt der pfleger und legt sie wieder hin.

wir waren doch gerade auf dem klo, sagt er.

aber ich muss lulu, sagt die frau.

alzheimer läßt grüßen, sagt der pfleger. er holt einen rollstuhl und bringt die frau erneut zum klo. währenddessen setzt sich die andere auf.

wo geht es hier zum klo, fragt sie und beginnt, an ihrem gitter zu rütteln. die krankenschwester kommt aus einem patientenzimmer. sie hilft ihr aus dem bett und geleitet sie zum klo. als beide frauen wieder im bett liegen, bekommen sie von der schwester schnabeltassen mit tee gereicht. dann geht die schwester fort.

und wo ist das klo, fragt die frau mit dem kopfverband. sie setzt sich auf. sie beginnt zu rufen: ich muss aufs klo. ich muss aufs klo.

der pfleger kommt. er sagt: ich kann nicht alle zwei minuten mit ihnen aufs klo fahren. gehen sie daheim auch so oft aufs klo?

ja, ist die klare antwort.

ich werde ihnen die schüssel bringen, sagt der pfleger und geht fort.

die frau mit dem kopfverband fragt die andere: wo ist hier das klo?

ich weiß nicht. wissen sie was? sagen sie einfach, ich mache ins bett! sagen sie laut, ich mache ins bett!

doch stattdessen sagt die frau mit dem kopfverband immer nur: ich muss aufs klo. ich muss aufs klo. sie wird vom pfleger erneut aufs klo gebracht.

kaum hat er sie wieder ins bett gelegt, wird er ein weiteres mal gerufen, diesmal von der anderen frau. sie sagt: die frau will etwas wissen.

was will sie wissen?

sie will wissen, wo das klo ist.

nein, sagt der pfleger, tun sie mir das nicht an.

schiff ich mich halt an, sagt die frau mit dem kopfverband.

und als der pfleger geht, fährt sie fort: ich bin ja nur ein gewöhnlicher patient. da erfährt man nicht, wo das klo ist.

das muss ich mir notieren, denke ich und gehe ins zimmer zurück. ich starte das notebook, das mir helmut, ein befreundeter journalist, als ersatz für das vom tsunami verschlungene geliehen hat, und tippe mit dem zeigefinger der rechten hand die gerade erlebte szene in die tasten. in kleinschreibung. noch habe ich die illusion, der für den gebrauch der umschalttaste zuständige kleine finger der linken hand würde, wenn er erst einmal von der schiene befreit ist, auch wieder beweglich werden. zu dieser zeit weiß ich noch nicht, dass der unbefriedigende heilungsverlauf mich zu einem bescheidenen persönlichen beitrag zur deutschen rechtschreibreform ermuntern wird.

am nächsten morgen besucht mich edith. sie erzählt, was sie in der nacht geträumt hat. man habe sie in einen sarg gelegt. sie habe das einfach so hingenommen. der sarg sei nicht schmal gewesen. sie habe bequem darin platz gehabt und durch ein kleines fenster hinausschauen können. nebenan sei noch ein sarg gestanden, in dem ebenfalls eine frau lag. die frau habe begonnen, nach luft zu ringen. das röcheln sei immer lauter geworden. es war deutlich zu hören, dass die frau nebenan gerade erstickte. plötzlich wurde edith bewusst, dass auch sie nun ersticken würde. als sie keine luft mehr bekam, wachte sie in todesangst auf.

nach meinem spitalsaufenthalt gehe ich tag für tag zur physiotherapie, zuerst nur in wien und, sobald ich die arbeit an der universität wieder aufgenommen habe, auch in leipzig. bei einem meiner ersten physiotherapie-termine im lorenz-böhler-krankenhaus treffe ich zufällig auf herrn baumgartner. er kann sich nun ohne rollstuhl, mit krücken, fortbewegen. er ist unterwegs zu seiner frau, die immer noch auf der intensivstation liegt. er strahlt mich an. die ärzte hätten ihm heute erstmals wirklich hoffnung gemacht, dass sie es schaffen werde. über seinen sohn david weiß er nichts neues. die ganze verwandtschaft recherchiere nach wie vor im internet. auch planten sie eine reise nach thailand.

fünf monate später, am 20. juni, lese ich in der zeitschrift *profil* einen artikel über die angehörigen österreichischer tsunami-opfer. darin wird auch über das begräbnis david baumgartners berichtet, eines elf jahre alten schülers aus dem franziskanergymnasium von hall in tirol. gleich mehrere familienmitglieder und freunde waren nach thailand gefahren, um david zu suchen. sie kamen ohne ergebnis nach österreich zurück. erst am 4. april konnte sein leichnam anhand seines t-shirts, seiner uhr und seiner hose identifiziert werden. später kam noch die gewissheit einer kriminologischen untersuchung dazu. david wurde in seinem heimatort taur beigesetzt.

32

auf dem vorplatz des krankenhauses von krabi, in diesem seltsamen durcheinander von autos und krankenbetten, waren internationale freiwillige helfer tätig. sie trugen schilder, auf denen stand, in welchen sprachen sie sich verständigen konnten. als ich das krankenhaus verließ, hatte edith schon ihren vater angerufen und sophie eine freundin, die sie jedoch nicht erreichte. elias hatte mit niemandem reden wollen.

die drei standen gerade bei einer freiwilligen helferin aus australien, die uns empfahl, zum *maritime*-hotel zu fahren. dort sei eine sammelstelle für *refugees* eingerichtet worden.

wir waren in ihren augen *refugees*, flüchtlinge. im *maritime*-hotel würden die flüchtlinge registriert, und es seien auch botschaftsangehörige dort. wie wir dorthin kämen, fragten wir. zu fuß sei das zu weit, sagte sie, wir sollten ein taxi nehmen. aber wir hatten kein geld. da schenkte sie uns fünfhundert baht, etwa zehn euro, was für eine taxifahrt in thailand reichlich bemessen war. sie wies über den platz, wo entlang der krankenhausmauer mehrere sammeltaxis standen.

beim ersten taxi, einem kleinbus, stand die hecktür offen. es saßen schon mehrere menschen im auto, darunter eine frau mit einem geschienten bein und krücken. wir nannten dem fahrer das *maritime*-hotel, und er deutete uns einzusteigen. offenbar wurden alle ausländer, die aus dem krankenhaus kamen, in diese sammeltaxis verfrachtet. als unser kleinbus voll war und die menschen schon in den nächsten einstiegen, blieb der fahrer draußen stehen und diskutierte noch eine weile mit einem uniformierten, der aus dem krankenhaus gekommen war. wir bekamen nicht mit, dass in diesem gespräch ein neues fahrtziel festgelegt wurde. der fahrer versuchte, uns etwas zu erklären, als er losfuhr, aber wir verstanden ihn nicht, er sprach keine fremdsprache.

in einer belebten straße blieb er vor einem brillengeschäft stehen, ein junges paar stieg aus und kam nach einer weile wieder zurück. sie bedankten sich herzlich bei ihm. die frau hatte eine neue lesebrille in der hand. offenbar war dieser kurze aufenthalt schon vor der fahrt vereinbart worden. dann ging es weiter, zu unserer überraschung aus der stadt hinaus. vielleicht, so überlegten wir, steht dieses *maritime*-hotel ja nicht in der stadt, sondern irgendwo abseits am strand. wir bekamen die küste jedoch nie zu gesicht. wir fuhren durch eine landschaft mit steilen, grün bewachsenen bergkuppen, die überdimensionalen kegeln glichen. manche waren in ihrer form so ebenmäßig, dass sie wie künstlich angelegt wirkten. am fuße eines steil aufragenden berges fuhr unser taxi durch einen torbogen und blieb auf einem kiesweg stehen.

statt eines hotels war hier ein buddhistischer tempel mit einem chedi, einem hohen, glockenförmigen turm, zu sehen und drumherum ein paar stände mit getränken und devotionalien. wir ließen die anderen aussteigen, blieben aber selbst im wagen. die frau mit dem geschienten bein benutzte wahrscheinlich das erste mal in ihrem leben krücken, denn sie stellte sich beim gehen sehr ungeschickt an. sie hatte auch noch einen rucksack dabei, den ihr jemand abnahm. wir sagten: *maritime*-hotel, als der fahrer zurückkam, doch der schüttelte nur den kopf und bedeutete uns, ebenfalls auszusteigen. dann fuhr er weg. wir waren in einem wat, einer buddhistischen tempel- und klosteranlage, gestrandet.

ein mann in traditionellem orangen mönchsgewand grüßte uns mit gefalteten händen und führte uns durch einen speisesaal mit roh gezimmerten holztischen zu einer treppe. die frau mit den krücken konnte diese treppe nicht hinaufgehen, sie musste getragen werden. wir kamen in einen zweiten saal, der direkt über dem speisesaal lag. der raum war gut hundert quadratmeter groß und etwa vier meter hoch. von der decke herab hingen zwei reihen von jeweils fünf auf volle geschwindigkeit eingeschalteten ventilatoren. sie surrten, wackelten und erzeugten kräftig wind. es gab keine einrichtungsgegenstände in diesem raum. an der stirnseite waren in die wand mehrere fächer eingelassen, in denen bastmatten lagen. der mönch wies uns an, wir sollten uns jeder eine solche bastmatte nehmen. und dann verteilten wir uns.

wir vier ließen uns an der längsseite des saales unter einem fenster nieder. ich hatte den platz gewählt, weil er genau zwischen zwei ventilatoren lag, wodurch es hier nicht ganz so windig war. wir legten unsere matten nebeneinander auf den boden und darauf die badetücher aus dem *phi-phi*-hotel, und zwar genau in der reihenfolge, in der wir auch auf dem flachdach gelegen waren. elias, ich, sophie und edith. auf dem hoteldach hatte freilich an der seite von edith noch emine ihren schlafplatz gehabt. die nächste nacht war gesichert, und das war ein beruhigendes gefühl.

außer uns waren in diesem raum noch sechs andere personen. die frau mit dem geschienten bein. sie hatte sich in einigem abstand zu uns, aber auf derselben seite niedergelassen. sie holte aus ihrem rucksack ein buch hervor, starrte aber die meiste zeit nur vor sich hin, ohne in dem buch zu lesen. ich fragte sie, ob ich etwas für sie tun könne. sie verneinte und schien auch an einem gespräch mit mir nicht interessiert zu sein. ich erfuhr lediglich, dass sie aus england stammte und mit einer freundin unterwegs gewesen war. die freundin war tot.

später bekam sie besuch. eine frau redete leise auf sie ein. ich verstand nicht, was sie sagte, aber es klang wie eine gesprächstherapeutische hilfestellung. die verletzte engländerin sagte selbst kaum etwas. sie wirkte wie in trance. wir beobachteten sie und waren beruhigt, dass jemand gekommen war, der sich um sie kümmerte. sie wäre sonst die einzige im raum gewesen, die niemanden gehabt hätte.

gegenüber, an der anderen längswand, legte das paar, das beim brillengeschäft ausgestiegen war, seine matten aus und daneben eine familie mit einem etwa vierjährigen kind. wir dachten, dass von nun an ein taxi nach dem anderen kommen und weitere menschen bringen würde, aber das war nicht der fall. wir blieben die einzigen in diesem großen saal.

hin und wieder kam einer der kahlköpfigen mönche vorbei, lächelte uns freundlich an und stellte uns eine schale reis vor die füße. ich wollte die österreichische botschaft anrufen, um mich zu erkundigen, was uns von offizieller seite in unserer situation geraten werde, doch der mönch sagte, hier gebe es kein telefon. wir sollten uns hier ausruhen. wahrscheinlich roch er, in welchem körperlichen zustand wir waren, denn er führte uns zurück zur treppe und von dort in einen kleinen nebenraum, in dem es eine einfache dusche gab. edith brach in wahres entzücken aus. sie ging sofort ans werk.

im vorraum zur dusche lag auf einem waschbecken ein stück seife. damit wuschen wir uns und reinigten damit auch unsere kleidung. wir mussten mit einer gewissen sparsamkeit zu werke gehen, denn es war nur ein kleines stück seife, das uns zur verfügung stand und das wahrscheinlich auch noch für die anderen reichen sollte. und wir mussten bei der körperwäsche einander helfen, weil wir ja alle an armen und beinen verbände trugen. wir hängten die sachen zum trocknen ans fenster und machten uns auf den weg, um nachzusehen, wo wir hier überhaupt waren.

dieser erste ausflug in die klosteranlage war schnell zu ende. wir waren nur in badebekleidung. auch wenn die mönche und nonnen – es gab auch frauen in diesem wat –

nichts zu uns sagten, wir fühlten uns ganz und gar unwohl in bikinis und badehosen inmitten buddhistischer tempel. und so gingen wir zurück und zogen die nassen t-shirts und shorts an.

ich steckte auch die fünfhundert baht ein, die wir von der australischen helferin bekommen hatten. der taxifahrer hatte kein geld verlangt. entweder hatte er auf das fahrgeld verzichtet, oder er war von einem der anderen fahrgäste bezahlt worden. wir waren ja im taxi sitzen geblieben und hatten es vielleicht nicht mitbekommen. nun, da wir den ort, an dem wir uns befanden, mit größerer innerer ruhe betrachten konnten, fiel uns auf, dass eigentlich alles ziemlich verfallen war. lediglich der höchste der steil aufragenden sakraltürme, der chedi, war in letzter zeit renoviert worden. alle anderen tempelbauten hatten ihre farben schon mehr oder weniger verloren und bröckelten vor sich hin. es gab ein schild mit einem spendenaufruf zur rettung dieser bedeutenden tempelanlage.

durch den torbogen kam ein mopedfahrer in den wat herein. er stellte neben einer in den felsen gehauenen treppe sein gefährt ab und nahm einen kleinen beutel vom gepäckträger. er grüßte uns mit gefalteten händen. wir fragten ihn, ob es hier in der gegend ein geschäft gebe, in dem man lebensmittel und zahnbürsten kaufen könne. ein solches geschäft gebe es sogar hier im wat, sagte er, es sei allerdings wirklich nur ganz klein. um diese zeit sollte es noch geöffnet sein.

er war, wie er uns erklärte, ein laienmönch, der hoch oben auf dem berg in einer einsamen hütte wohnte. wie weit er da hinaufgehen müsse, fragten wir ihn. eine stunde, sagte er, manchmal brauche er aber auch eineinhalb stunden dazu. frühmorgens komme er herunter und fahre in die stadt, um zu betteln, am abend steige er wieder hinauf. dann wies er uns den weg zum geschäft und begann die kniehohen stufen zu erklimmen, die an einem weiteren tempel, der in den felsen hineingehauen war, vorbeiführten. wir schauten ihm nach, bis er hinter einer biegung verschwunden war.

wir fanden das geschäft und kauften zahnbürsten, eine zahnpaste, ein stück seife, einen kamm und eine große flasche wasser. wir suchten auch noch eine sonnenschutzcreme, aber wir fanden keine, und wahrscheinlich hätten wir auch gar nicht genug geld dafür gehabt. als uns dann aber noch ein wenig geld übrig blieb, machte ich dem alten mann hinter dem verkaufspult die geste des hauteinreibens vor. daraufhin brachte er uns ein kleines fläschchen öl.

nach dem einkauf fühlten wir uns besser. wir eroberten uns schritt für schritt die normalität zurück. wir konnten uns wieder waschen, konnten zähne putzen, die schuppige haut einreiben, die haare frisieren und hatten wasser in reserve. wir brachten diese schätze in unseren schlafsaal zurück. dort hatte inzwischen jemand einen stapel styroporpackungen mit den gleichen reisgerichten geliefert, die wir schon auf phi phi island bekommen hatten. wir teilten uns gemeinsam zwei packungen. elias sagte: das schmeckt ja nach verwesung, ich kann das nicht essen.

der geschmack des reisgerichts vermischte sich bei ihm mit der erinnerung an den verwesungsgeruch von phi phi island, der ja erst einen halben tag zurücklag. er brachte nur ein paar bissen hinunter.

33

die erste zeit nach unserer rückkehr ist mit vielen kleinigkeiten ausgefüllt, und das ist gut so. neue pässe sind zu besorgen, neue führerscheine, bankkarten, kreditkarten, eine bahncard für die deutsche bahn, eine vorteilscard für die österreichische bundesbahn, ausweise für die straßenbahnen in wien und leipzig, ein neuer zulassungsschein für das auto, neue handys, neue wohnungsschlüssel, neue mitgliedskarten für diverse organisationen. das hält auf trab. täglich kommt man auf neue dinge, die einem fehlen. keine brille, kein rasierapparat, das notebook verschwunden. unsere namen sind von diversen vermisstenlisten zu streichen, auf die sie von unseren verwandten gesetzt worden waren. krankenhaustermine, augenarzt, ämtertermine, ständige journalisten-anrufe. unser fall ist mittlerweile durch die österreichischen medien gegangen, daher auch anrufe von kollegen, von robert schindel, michael scharang, marie-thérèse kerschbaumer, barbara neuwirth, doron rabinovici, die sich erkundigen, wie es mir gehe – und über die ich mich freue.

als ich am 30. jänner endlich meine e-mails abrufen kann, wird mir klar, dass nicht nur unsere familie wusste, dass wir nach thailand gefahren sind, sondern zum beispiel auch freunde aus leipzig, die mit ediths oder meiner familie keinen kontakt haben. ich lese ihre verzweifelten e-mails, die sie wieder und wieder losschicken, an alle e-mail-adressen, unter denen wir erreichbar sind. und als ich wieder ein handy habe und ans netz gehe, trudeln all die sms ein, die seit dem 26. dezember an mich geschrieben wurden, und ich bin eine weile damit beschäftigt, die leute zu verständigen, dass wir noch leben.

aber das ist, wie gesagt, gut so. es hält uns in bewegung, es lässt uns nicht in dieses schwarze loch schauen, das sich, ohne dass wir es ahnen, unter uns auftut. aber in der nacht können wir ihm nicht ausweichen.

elias träumt, dass er in den hof hinuntergeht, um den müll auszuleeren. da liegt sein vater tot neben der mülltonne. er nimmt mich auf die schulter und trägt mich mühsam vier stockwerke in die wohnung hinauf. er schafft es fast nicht, aber er will nicht aufgeben. oben angekommen, wacht er auf.

sophies gesicht verändert sich. sie hat einen starken ausbruch von neurodermitis. sie meinte diese krankheit längst überwunden zu haben. um sich nebenbei ein wenig taschengeld zu verdienen, hat sophie seit ein paar jahren, wenn sie gebraucht wurde, als model gearbeitet. nun hat sie mehrere jobangebote, aber sie muss alle absagen. sie schmiert sich unmengen von kortison ins gesicht. sobald sie die behandlung absetzt, bricht die haut erneut auf.

ich teile den beiden schuldirektoren mit, dass elias und sophie den tsunami und seine folgen erlebt haben, und bitte sie, die klassenlehrer meiner kinder über deren mögliche traumatisierung zu informieren. der erste schultag von elias beginnt mit mathematik. er sagt zur lehrerin, dass er die mathematikhefte leider nach thailand mitgenommen habe und dass sie dort in den fluten verschwunden seien.

das macht nichts, antwortet die lehrerin. deine schrift war ohnedies unlesbar.

später, am ende der stunde, fragt sie ihn, wie es ihm nun gehe. elias antwortet: nicht gut. daraufhin die lehrerin: am besten, du lernst jetzt fest mathematik, dann vergisst du das schnell.

wir wissen nichts von diesem gespräch, wir merken nur, dass etwas nicht stimmt.

elias kommt heim und sagt, er komme mit dem schulalltag nicht mehr zurecht, er wolle nicht mehr zur schule gehen.

und was willst du machen?, fragt edith.

er weiß es nicht. wir reden auf ihn ein, jetzt vor der matura nicht aufzugeben. da beginnt er zu weinen, und wir merken plötzlich, dass er völlig verzweifelt ist. er legt sich ins bett. sein freund paul hat ihm die mathematikhefte zum kopieren mitgegeben. doch elias steht erst auf, als der copyshop längst zu ist. er kommt mit diesem schnellen rhythmus des ständigen besorgens und nachholens nicht mehr zu rande. er will uns immer um sich haben, er will nicht allein in der wohnung sein.

sophie träumt, das wasser sei nach wien gekommen. sie läuft mit ihrer freundin marianne vom drasche-park heim, vom wasser verfolgt. sie laufen die treppen hinauf, doch das wasser steigt ebenfalls stock für stock. immer, wenn sie sich umdrehen, ist es knapp unter ihnen. als sie schon bei unserer wohnung im vierten stock sind, steigt das wasser noch immer, und sie laufen weiter die treppen hinauf bis zum dachboden. der dachboden ist auf einmal unsere leipziger wohnung. sie treten auf die terrasse hinaus und beraten fieberhaft, wo sie nun ein boot hernehmen könnten, um wegzukommen. sie finden keine lösung. das wasser schwappt über die terrasse, und sie wacht auf.

in allen ihren träumen ist sie auf der flucht.

edith lässt der traum mit dem sarg nicht los, sie träumt ihn immer wieder in neuen varianten. dann kommt noch ein anderer traum hinzu, in dem eine lehrerkollegin von ihr gestorben ist und sie zum ehemann und zu den töchtern kondolieren gehen muss. aber der ehemann und die töchter sind erstaunlich gelassen. sie versucht verzweifelt, ihnen ihre situation klarzumachen. doch der tod der mutter interessiert die kinder gar nicht und lässt auch den ehemann kalt.

der einzige, der zunächst keine albträume hat, bin ich. nur tagsüber reagiere ich manchmal seltsam. als ich die wiener ringstraße entlanggehe, um mir vom autofahrerclub eine neue mitgliedskarte zu holen, höre ich im hintergrund ein geschrei. ich sehe mich spontan um, bei welchem hauseingang ich hineinlaufen und welche treppen ich hinaufflüchten könnte. in dem moment, in dem ich auf das *bristol* zuzulaufen beginne, merke ich die absurdität meines verhaltens. hier kommt keine welle. ich versuche den grund des lärms zu eruieren. am schwarzenbergplatz gibt es eine bauerndemonstration.

wir werden oft auf unsere erlebnisse angesprochen und erzählen davon, so gut wir können. ich bin gesprächiger als die anderen. elias weiß viele details, aber ihm fehlt der zusammenhang der erinnerungen. auch sophie hat starke erinnerungslücken. edith durchlebt noch einmal intensiv die situation, in der sie meinte, sterben zu müssen, und beginnt eines abends unvermittelt zu weinen. wir sprechen viel über unsere lage, über unsere träume und ängste, aber wir sind letztlich überfordert. drei wochen nach dem tsunami sehen wir keinen ausweg mehr und suchen professionelle hilfe. ich bin nur beim ersten gespräch dabei. edith, sophie und elias bekommen antidepressiva verschrieben, die kinder darüber hinaus eine therapeutische begleitung. sophie wendet sich an eine spezialistin, die den zusammenhang mit ihrer neurodermitis herstellen und, wie sich letztlich zeigt, auch gut behandeln kann.

die träume von elias werden ausgefeilter, aber die bedrohlichen geschichten finden ein besseres ende. immer noch haben sie häufig mit meinem tod zu tun. etwa vierzehn tage nach behandlungsbeginn träumt er, ich nehme mir in der küche eine zigarette aus dem päckchen, er will mir feuer geben, plötzlich beginne ich am ganzen körper wie zunder zu brennen. er kann nichts dagegen tun und sieht zu, wie ich zu boden sinke. ich bin nicht verkohlt, aber tot. sophie kommt und weiß rat. sie wickelt meinen leichnam in unseren blauen küchenteppich. bald darauf kehrt elias in die küche zurück, um nachzusehen. er schlägt den teppich auf und berührt mich zaghaft. da bemerkt er, dass mein körper noch warm ist. er entschließt sich zu einer mund-zu-mund-beatmung. plötzlich beginne ich zu husten und schrecklich zu kotzen, aber ich bin wieder lebendig.

als er mir das erzählt, atme ich auf. ich nehme es als gutes zeichen, dass ich in seinen träumen wieder lebendig werden darf. nach wie vor fühle ich mich schlecht, weil ich ihn bei der katastrophe völlig aus den augen verloren habe. ich weiß nicht, wo er war, als die welle kam. er scheint es auch nicht sicher zu wissen.

wo wurde er von der welle verschluckt, wo wieder hochgespült? wo hat er das kind gerettet? wo hat sich ein etwa gleichaltriges mädchen an ihn geklammert, sodass es ihn erneut hinunterzog? ich habe das alles nicht mitgekriegt, ich werde es ein jahr später zu rekonstruieren versuchen.

mitte februar gehe ich zu einem vortrag ins wiener kreisky-forum. danach werde ich von joanna, einer befreundeten jüdin, angesprochen. sie sieht meine geschiente, eingebundene hand und fragt mich, ob ich einen schiunfall hatte. ich sage, nein, das war der tsunami. sie ist ein wenig erschrocken und hat ganz offensichtlich das gefühl, sie könne mein tsunami-erlebnis nun nicht mit anderen themen überfahren. es entsteht eine peinliche situation. sie versteht es, die situation zu überbrücken, indem sie mir von einem bekannten einer israelischen bekannten erzählt, der auf einer indischen insel gewesen sei, wo der tsunami ein paar menschen getötet und erhebliche zerstörungen angerichtet habe, wo man aber vom ausmaß der katastrophe keine ahnung hatte. es gab keinen strom und keinen kontakt zur außenwelt. die menschen auf dieser insel dachten, die welle sei ein lokales ereignis gewesen. der bekannte der bekannten sah deshalb auch keinen grund, die insel zu verlassen und von anderswo zu hause anzurufen. er war beschäftigt, den einheimischen zu helfen, und wollte das bis zu seinem urlaubsende tun. erst eine woche später, als indische patrouilleboote mit hilfslieferungen kamen, wurde den bewohnern das ausmaß der katastrophe bewusst. und da erst rief er zu hause an. seine familie und seine freunde hatten eine woche lang vergeblich versucht, ein lebenszeichen von ihm zu erhalten. sie hatten nicht mehr daran geglaubt, dass er noch leben könnte.

als ich gut ein halbes jahr nach dem tsunami von kurt neumann, dem leiter des literarischen quartiers *alte schmiede* in wien, gebeten werde, für eine anthologie einen text zu schreiben, muss ich die ganze zeit an thailand denken. mir fällt nichts ein, was nicht mit dem tsunami zu tun hat. und so beginne ich tatsächlich, darüber zu schreiben. ich nähere mich der geschichte vom ende her. ich erzähle, wie es war, als wir den inhalt unseres tresors aus thailand zurückbekamen. und plötzlich geht mir, der ich meinte, den größten abstand dazu zu haben, das alles seltsam nahe. jetzt erst beginnen meine albträume. sie setzen sich nacht für nacht fort. manchmal sind sie ganz deutlich, manchmal nur undeutlich, aber ich wache dennoch schweißgebadet auf. ich lasse die arbeit an dem manuskript für eine weile ruhen und kann mich nun, da ich sie zumindest begonnen habe, auch anderen themen zuwenden. meine bitte an sophie und elias, mir ihre tsunami-erinnerungen zu erzählen, löst wiederum bei ihnen albträume aus. erneut haben sie mit wasser zu tun. aber die träume sind nun harmloser geworden und gehen immer wieder auch gut aus.

elias träumt, er geht mit mir durch die stadt. da kommt eine drecklache. sie ist nicht tief. ich durchwate sie. doch plötzlich versinke ich im schlamm. elias kann mich herausziehen.

sophie erklärt sich als erste bereit, mir zu erzählen, woran sie sich erinnert, elias will das nicht. er will nicht mehr daran denken, sagt er. und er ist auch dagegen, dass wir nach thailand zurückfahren. später erzählt er es mir doch. aber dass wir nach thailand zurückfahren, will ihm nach wie vor nicht einleuchten.

34

als wir in der buddhistischen tempelanlage, bei der es sich aller wahrscheinlichkeit nach um wat sai thai handelte, auf unseren matten saßen und darüber berieten, wie es nun weitergehen sollte, kam ein deutscher in den saal. er war besitzer einer tauchschule in krabi und hatte sich bei der hilfsorganisation *care* als freiwilliger helfer gemeldet. man hatte ihn angewiesen, zu allen stellen in der umgebung von krabi zu fahren, von denen bekannt war, dass dort menschen untergekommen waren, um den bedarf an hilfslieferungen zu ermitteln.

das einzige, was wir brauchen, sagte edith zu ihm, sei eine möglichkeit zu telefonieren, damit wir unsere rückreise organisieren könnten. der deutsche bot uns an, dass wir im prinzip in seinem tauchgeschäft telefonieren könnten, aber leider könne er uns nicht dorthin bringen. er sei nur mit dem motorrad unterwegs und habe außerdem noch ein paar andere unterkünfte aufzusuchen. er werde sehen, was er machen könne und am abend wiederkommen. er unterhielt sich auch noch mit den sechs anderen im saal und fuhr wieder fort.

da es uns zu eintönig war, hier nur herumzusitzen

und auf die nacht zu warten, brachen wir noch einmal zu einem spaziergang durch die klosteranlage auf. wir gingen nun am tempelbezirk vorbei und kamen zu den bescheidenen kleinen häuschen der nonnen und mönche. am auffälligsten war das ständige gejaule und bellen. in diesem kloster fanden nicht nur menschen zuflucht, sondern auch hunde und katzen, wobei letztere jedoch ihre reviere erobern und verteidigen mussten. sie lieferten sich immer wieder aufflammende kämpfe und verfolgungsjagden.

manche mönche saßen vor ihren häuschen, oder vielleicht sollte man besser sagen: hütten, weil sie großteils in einem erbärmlichen zustand waren, und genossen, jeder für sich, den lauen abend. sie grüßten uns, als wir vorbeigingen. einer rauchte gar, was darauf hinwies, dass die mönchsregeln hier nicht allzu streng ausgelegt wurden. er bot uns zigaretten an, und wir kamen mit ihm ins gespräch. wenn nicht gerade die katzen kreischten und an dem häuschen vorbeifegten, war alles sehr ruhig hier. ich fragte den mönch, ob dies ein gemischtes kloster sei. er sagte, dass es auch nonnen hier gebe, aber es sei oberste regel, dass zwischen männern und frauen keine berührungen stattfänden.

während wir sprachen, war es dunkel geworden. es ertönte mehrmals ein gong, der von den katzen und hunden mit lautem geschrei quittiert wurde. die mönche verließen ihre häuschen und strömten zu einem zentralen gebäude, in dem sich offenbar der meditationsraum befand. wir gingen zurück zu unserem saal. der weg war nur spärlich beleuchtet, und wir hatten mühe, zu unserer unterkunft zurückzufinden.

elias sagte, am liebsten würde er hier noch eine weile bleiben. und dann sagte er noch: vielleicht werde ich einmal ein buddhistischer mönch.

im saal setzten wir uns auf unsere matten. in der mitte des raumes standen plastikflaschen mit trinkwasser. der engländerin neben uns ging es schlecht. sie starrte immer noch vor sich hin, stöhnte zwischendurch auf und wechselte dann die position des beines. ich brachte ihr wasser und bot ihr schmerzstillende tabletten an. sie benötigte sie nicht, denn auch ihr waren vom krankenhaus in krabi medikamente mitgegeben worden. sie steckten in dem gleichen kleinen plastiksäckchen wie meine.

das erinnerte mich daran, dass es an der zeit war, mein antibiotikum einzunehmen. heute abend noch eine tablette, und dann dreimal täglich, hatte die ärztin gesagt. am vormittag waren wir auf phi phi island noch einer vermeintlichen neuen welle davongelaufen. jetzt waren wir eindeutig in sicherheit. das schlimmste lag hinter uns. ich konnte tabletten einnehmen, ich konnte zur verbesserung meines zustandes selbst etwas tun. die engländerin sagte, dass das britische konsulat von ihrer anwesenheit wisse und dass morgen wieder jemand zu ihr kommen werde. und wir hofften, dass auch der deutsche tauchunternehmer zurückkommen und uns weiterhelfen werde.

der raum war so groß, dass wir mit den fünf menschen an der gegenüberliegenden wand so gut wie keinen kontakt hatten. die familie war damit beschäftigt, das kind schlafen zu legen. elias begann in seinem buddhismusbuch zu lesen. ich stellte mich ans fenster und meinte, trotz des surrens der ventilatoren und des immer wieder aufflammenden gejaules der tiere, aus der ferne mönchsgesang zu hören.

in diesem saal konnte man zwar das licht abdrehen, aber nicht die ventilatoren. sie hingen an einem zentralen schalter, den ich jedoch nicht fand. ihr surren wirkte keineswegs beruhigend auf uns, und ihr luftzug war so stark, dass es uns fröstelte. um weicher zu liegen, hatten wir die badetücher auf die bastmatten gelegt gehabt, jetzt deckten wir uns mit ihnen zu. wir konnten jedoch nicht schlafen. von uns allen war edith die lage hier am unbehaglichsten. sie sagte: hier sind wir zum nichtstun verurteilt. wir müssen schauen, dass wir so schnell wie möglich von hier wegkommen.

nach einer weile kamen zwei frauen in den saal. sie begannen an der gegenüberliegenden wand damit, decken zu verteilen. dann kamen sie zu uns. sie arbeiteten für *care*. ich fragte sie: fahren sie zufällig nach krabi?

nur eine von ihnen sprach englisch. als sie bejahte, fragte ich sie, ob sie uns ins *maritime*-hotel bringen könnten, und sie stimmten zu. wir packten unsere badetücher zusammen. unten stießen wir auf den deutschen tauchschulbesitzer. er war mit seinem motorrad noch einmal zu uns gekommen und konnte nun den beiden frauen den weg zum *maritime*-hotel erklären. wir zwängten uns zu viert in die hintere sitzreihe eines kombiwagens, in dessen laderaum decken und wasserflaschen gestapelt waren.

so kamen wir in dieses große, mitten in der stadt liegende hotel, dessen management nach der katastrophe beschlossen hatte, die gesamte infrastruktur bis an die grenzen der möglichkeiten allen, die keine bleibe mehr hatten, zur verfügung zu stellen. die gänge und säle waren gefüllt mit verletzten und verzweifelten menschen, von denen viele ihre angehörigen verloren hatten. zwar gab es hier eine konzentration des elends und wir bekamen in unserer verstörtheit schritt für schritt vor augen geführt, wie glücklich wir eigentlich sein müssten, doch das elend wurde hier professionell verwaltet, und das gab auch uns zuversicht. ein teil der lobby war zur krankenstation umfunktioniert worden. von manchen ländern – von israel, von der schweiz und von australien – waren auch schon botschafts- oder konsulatsmitarbeiter hier. es gab telefone und ein faxgerät, es gab zwei thailändische polizisten, die, unterstützt von mehrsprachigen helfern, die hier gestrandeten menschen registrierten und verlustanzeigen aufnahmen, und es gab in den mit matten ausgelegten bankett- und speisesälen große bildschirme mit *cnn*-berichterstattung. jetzt erst erfuhren wir, was die welt längst wusste.

ein von freiwilligen helfern betriebener infostand konnte die telefonnummer der österreichischen botschaft in bangkok eruieren. dann stellte ich mich bei einem der telefone an. es war mittlerweile nach dreiundzwanzig uhr, aber ich rief dennoch an. es meldete sich eine frau, deren namen ich, trotz mehrmaliger nachfrage, nicht richtig verstand. ich schilderte ihr kurz unsere lage und fragte sie, ob sie mir irgendwelche ratschläge geben könne, wie wir weiter vorgehen sollten. sie sagte, ich sei der erste österreicher, der sich aus krabi melde. sie wollte wissen, ob es dort noch weitere österreicher gebe, was ich ihr nicht sagen konnte. sie meinte, wir sollten versuchen, uns auf eigene faust nach phuket durchzuschlagen. dort seien viele andere österreicher und es gebe einen honorarkonsul, der sich um sie kümmere. sie gab mir eine telefonnummer.

da mir im *maritime*-hotel alle abrieten, nach phuket zu fahren, weil dort das chaos noch viel größer sei, und mir auch niemand sagen konnte, wie wir das hätten anstellen sollen, ohne geld nach phuket zu kommen, beschloss ich, den dortigen honorarkonsul anzurufen. dessen telefon war jedoch immer besetzt.

eine für die schweizer botschaft tätige frau sagte uns, dass die *thaiairways* für touristen, die alles verloren haben, gratisflüge nach bangkok anbiete. ich schrieb ein fax an die österreichische botschaft in bangkok, in dem ich sie informierte, dass wir am nächsten tag versuchen würden, mit *thaiairways* nach bangkok zu kommen.

bevor wir von der ärztin das valium bekamen und ich zur hotelbar aufbrach, erkundigte ich mich beim infostand, ob es eine liste der patienten des krankenhauses von krabi gebe, aus der man ersehen könne, welche österreicher dort behandelt wurden. die frau versprach mir, sich zu erkundigen.

am nächsten morgen, ganz früh, hing die liste aus. sie war vierzehn seiten lang. ich suchte die österreicher heraus und schrieb ein weiteres fax an die botschaft, in dem ich die namen der elf österreicher nannte, die am vortag im *krabi hospital* behandelt worden waren. dann machte ich mich auf den weg in die stadt, zum büro der *thaiairways*. ich hatte großes glück, das büro befand sich in unmittelbarer nähe. es hatte jedoch noch geschlossen. ich wartete, bis die erste angestellte kam. sie sagte mir, dass den *refugees*, wie wir erneut genannt wurden, direkt am flughafen auf stand-by-basis plätze zugewiesen würden. ich humpelte zum hotel zurück, weckte im speisesaal die kinder – edith war schon zur toilette gegangen, um sich zu waschen –, und wir saßen zehn minuten später im hoteleigenen kleinbus, der uns, zusammen mit ein paar regulären fluggästen, zum *krabi airport* brachte. elias löffelte während der fahrt mehrere *jelly*-becher aus. er hatte sie von einem buffet genommen, das in der nacht von hotelangestellten für die bewohner des speisesaals angerichtet worden war. die *jelly*-becher schmeckten ganz offensichtlich nicht nach verwesung.

35

am letzten tag unserer zweiten reise nach phi phi island treffen wir in der bucht, die direkt unterhalb unseres bungalows liegt, auf einen schlanken blauäugigen mann mit langen blonden haaren, der am strand diabolo spielt und uns freundlich grüßt. er beherrscht dieses spiel exzellent und hat damit, wie er uns erzählt, an den ostasiatischen stränden schon so manchen notgroschen verdient. er heißt ernst und stammt aus bremen. seit vierzehn monaten ist er unterwegs. als er losfuhr, hatte er nur das geld für den flug nach australien. dort schlug er sich mit gelegenheitsjobs durch, heuerte auf einem segelboot an und reiste weiter nach indonesien. es ist sein ehrgeiz, nach bremen zurückzukehren, ohne ein flugzeug zu benutzen. aber nicht sofort. erst, wenn es daheim wieder warm ist.

er habe viele getroffen, die mit dem geld ihrer eltern auf weltreise seien. das verachte er. am liebsten, so sagt er, wäre er schriftsteller. er hätte einiges zu erzählen. bald stellt sich heraus, dass er es in gewisser weise längst ist. er unterhält eine website, auf der er, wenn er zu einem internetcafé kommt, einträge von seiner reise macht. über weihnachten wolle er auf phi phi island bleiben und später auf dem festland weiterreisen.

wir wünschen ihm viel glück und gehen dann zur lohdalum-bucht hinüber, um an unserem letzten tag auf der insel den *phi phi tsunami memorial park* zu besuchen. er wird gerade am fuße des *phi-phi-viewpoint-resorts* angelegt, an einer fast auf meeresniveau liegenden stelle, an der früher die *paklong* bungalows standen, von denen nichts übrig geblieben ist. es ist seltsam, dass diese erinnerungstätte von vorneherein nur für eine saison geplant ist. der etwa zwanzig mal dreißig meter große botanische garten, der hier entstehen soll, verköpert damit nicht nur die erinnerung an das vergängliche, sondern zugleich die vergänglichkeit der erinnerung. schon eine kleine flutwelle kann ihn wegschwemmen. am 26. dezember, zum zweiten jahrestag des katastrophe, soll er fertig gestellt sein.

mehrere thailändische arbeiter sind mit schubkarren und schaufeln unterwegs. sie schaffen steinplatten herbei, um pfade anzulegen. es werden blumen, sträucher und bäume gepflanzt, beete aufgehäuft und mittendrin sitzbänke aufgestellt. im gegensatz zu den meisten anderen baustellen im ort ist hier das baumaterial in ordentlichen stapeln gelagert, sogar die leeren zementsäcke sind säuberlich übereinandergeschichtet. der park wird mit spendengeldern angelegt. kleine steintafeln mit den namen der verstorbenen sollen an die menschen erinnern, die im tsunami ihr leben ließen. auf einer website werden die touristen gebeten, auch für die namenstafeln der thailändischen toten zu spenden, deren angehörige sich eine solche erinnerung nicht leisten können. der *tsunami memorial park* befindet sich in unmittelbarer nähe eines neu gebauten betonturms, auf den mehrere sirenen montiert sind. sie sollen im falle eines neuen tsunami die menschen auf phi phi island rechtzeitig warnen.

wir setzen uns auf eine der neuen sitzbänke, schon ein wenig in abschiedsstimmung. rings um uns blühen sträucher. unter einer zeltplane liegen die ersten steintafeln. wird man sie am weg verlegen oder wird man sie zu einer wand aufstellen, wie beim *vietnam memorial* in washington? unsere namen werden nicht darunter sein. es war eine richtige entscheidung, zurückzukommen. phi phi island ist in unserer erinnerung jetzt mehr als nur die schreckensinsel. es war auch gut zu erfahren, wie sehr diese insel von denen, die hier leben, geliebt wird.

die bewohner haben zu ihrem leben zurückgefunden, und der *phi phi tsunami memorial park* wird bald wieder verschwunden sein. wir gehen davon aus, dass dieses mal die abreise kein tohuwabohu sein wird, sondern so stattfinden wird, wie wir sie geplant und gebucht haben. wir werden morgen nach münchen fliegen und einmal im hotel übernachten. am nächsten tag werde ich eine besprechung haben, und dann werden wir mit dem auto nach wien zurückfahren. weitere katastrophen sind nicht vorgesehen. es ist unser weg, mit der vergänglichkeit zurechtzukommen.

bei unserer letzten abreise war es völlig unklar gewesen, wann und wohin es weitergehen würde. wir verbrachten den gesamten tag auf dem flughafen von krabi. wir waren bei weitem nicht die einzigen, die von dort fortkommen wollten, ohne tickets oder geld zu haben. die flughafenpolizei stellte uns ein provisorisches identitätspapier für die fluggesellschaft und die grenzbehörden aus. am schalter der *thaiairways* wurden unsere namen auf eine stand-by-liste gesetzt. man werde uns aufrufen, sobald in einer maschine nach bangkok platz für uns sei. es flogen laufend maschinen nach bangkok. irgendwann bemerkte ich, dass menschen, die sich deutlich nach uns beim stand-by-schalter gemeldet hatten, schon eincheckten. da erst begriff ich das system. man musste sich für jede maschine erneut auf eine liste setzen lassen. ich verbrachte den ganzen tag am stand-by-schalter der *thaiairways*. wenn ich drangekommen war, stellte ich mich in der schlange hinten wieder an. abgesehen vom vorrang der gehunfähigen und schwerer verletzten, war nicht ganz klar, nach welchen kriterien die wenigen plätze vergeben wurden.

edith und die kinder saßen hauptsächlich herum, entweder in der abflughalle oder draußen unter den palmen. elias las in dem buddhismus-buch, das er vom dach des *phi-phi*-hotels mitgenommen hatte. er sprach einen mann, der neben ihm saß und rauchte, auf eine zigarette an, und dieser schenkte ihm gleich eine ganze packung *marlboro*. der mann war sturzbetrunken. er klopfte elias immer wieder auf die schulter und lachte ihn an. einerseits freute sich elias, dass dieser mann so nett zu ihm war, andererseits machte er ihm angst. er erzählte mir von ihm, als wir zwischendurch aus dem flughafengebäude hinausgingen, um eine zigarette zu rauchen.

als wir zurückkamen, ließ ich mir den mann zeigen – und erkannte ihn. ich hatte mit ihm in der vorigen nacht im *maritime*-hotel gesprochen. er war schwede. er hatte mir erzählt, dass er seine familie verloren habe, seine frau und seinen sohn. wir setzten uns zu ihm. er sagte, dass er ebenfalls auf einen flug nach bangkok warte. von dort wolle er nach stockholm fliegen. aber kurze zeit später sagte er, er werde in thailand bleiben. er wisse nicht, was er allein daheim machen solle.

edith und sophie kamen von draußen herein und gingen freudestrahlend auf uns zu. sie waren uns schon suchen gewesen. ein holländisches ehepaar, das keinen schaden erlitten hatte, sondern nur vorzeitig heimreiste, hatte ihnen tausend baht geschenkt, mit der aufforderung, wir sollten damit einmal ordentlich frühstücken.

wir setzten uns ins flughafenrestaurant. es war wie ein plötzlich über uns hereingebrochener luxus. wir aßen und tranken, kaffee, toast, marmelade, ei, croissant, alles, was um tausend baht zu haben war.

später, als ich wieder meine runden am stand-by-schalter drehte, unterhielt sich eine französische journalistin mit edith. sie wollte details über unsere lage wissen. am ende des gesprächs öffnete sie ihren koffer, nahm eine lange hose heraus und schenkte sie ihr. sie sagte: für die ankunft zu hause im winter.

um sechs uhr am abend, nach einem langen tag des wartens, wurden unsere namen aufgerufen. wir kamen auf die maschine nach bangkok. während des flugs wurde die *bangkok post* verteilt, eine thailändische zeitung in englischer sprache. das titelblatt zeigte eine luftaufnahme des zerstörten koh phi phi.

elias saß zufällig neben dem schweden, der ihm das päckchen *marlboro* geschenkt hatte. der bestellte einen whisky nach dem anderen. er erzählte elias, dass er daheim eine *harley* stehen habe, mit der er gerne herumfahre. es hörte sich an, als würde er nun doch nach schweden zurückkehren. elias las zwischendurch in dem buddhismusbuch. der schwede, der mittlerweile eine starke alkoholfahne hatte, interessierte sich dafür. er wollte es ihm abkaufen. elias schenkte es ihm. der schwede bedankte sich überschwänglich und begann nun selbst, darin zu blättern. nach ein paar weiteren drinks, die ihm bereitwillig serviert wurden, schlief er ein.

in bangkok ist der schwede verschwunden. er kam nicht in die flughafenhalle, in der die vertretungsbehörden der einzelnen länder quartier bezogen hatten, um ihren landsleuten beim rücktransport behilflich zu sein. ich erzählte den schwedischen behörden von diesem mann. aber sie konnten ihn nirgendwo finden.

im notlazarett am flughafen wurden wir erneut verarztet. dabei war ich zeuge einer eigenartigen szene, in der eine krankenschwester elias für den tsunami um vergebung bat. so als ob das naturereignis ihre schuld gewesen sei. sie flehte ihn geradezu an, wieder nach thailand zu kommen, und war erst beruhigt, als elias es ihr versprach.

ediths bruder burkhard, mein bruder stefan und seine freundin brit holten uns gemeinsam vom flughafen ab. sie hatten warme kleidung mitgebracht und eine thermoskanne mit tee. das war hilfreich, denn wir waren, warum auch immer, in außenposition gelandet und hatten, bis der zubringerbus endlich losfuhr, bei offenen türen und minusgraden kräftig gefroren. die meisten passagiere hatten ihre vollständige kleidung, nur von denjenigen, die ohne tickets mitgenommen worden waren, kamen einige in shorts und t-shirts an. im flughafengebäude selbst gingen wir dann durch einen raum, in dem das rote kreuz kleidung anbot.

draußen am parkplatz stand zwar unser wagen, aber wir hatten keinen schlüssel mehr dafür. um uns alle unterzubringen, waren unsere brüder mit zwei autos gekommen. sie hatten sich von teresa, die einmal die woche bei uns putzt, den letzten noch existierenden wohnungsschlüssel besorgt. mein bruder stefan gab uns fünfzig euro, und damit kauften wir beim fleischhauer in unserem haus gebäck, schinken und eier. wir frühstückten gemeinsam und öffneten danach eine flasche sekt. nach dem umarmen und sekttrinken und wieder-umarmen brachten sie uns ins lorenz-böhler-krankenhaus.

36

hat ihnen der osten wieder ausgelassen, begrüßt mich der fleischhauer. er steht neben dem kühlwagen, ich komme vom nachtzug, bin unrasiert und habe, wie ich in der windschutzscheibe sehe, platt gedrücktes haar. vor vier monaten ist der fleischhauer noch mit krücken gegangen. er wurde an den knien operiert. nun hat er ein halbes kalb auf der schulter. ich beschleunige meine schritte, ziehe den schlüssel aus der tasche und drücke das haustor auf. der fleischhauer zwängt sich mit dem kalb durch die tür. nach ein paar schritten dreht er sich um. dabei streift der hintere huf des kalbes an den briefkästen entlang. das gesicht des fleischhauers hat unter der anstrengung dunkelrote flecken bekommen. aus dem nacken des kalbes laufen tropfen heraus. der kopf ist entfernt worden.

wie geht es der hand, fragt der fleischhauer. ich zeige ihm die blaue plastikschiene, die meine linke von den fingern bis zum ellenbogen einfasst. ein wahnsinn, sagt der fleischhauer. dann lässt er den huf wieder die briefkästen entlangstreifen und geht mit dem kalb ein paar stufen hinauf. das wird schon wieder, herr doktor, ruft er in das leere, hallende stiegenhaus, bevor er um die ecke verschwindet. ich höre, wie er die eisentür zu jenem geheimnisvollen raum öffnet, aus dem mitunter der lärm der knochensäge dringt. das kalb hat auf dem boden eine blutwässrige spur hinterlassen.

edith umarmt mich lange. sie sagt, du hättest hier bleiben sollen. warum musst du jetzt schon arbeiten?

ich will ein normales leben führen, sage ich.

was ist normal, fragt sie.

für mich ist es normal, dass ich fortfahre und wieder heimkomme.

ein mann hat angerufen, sagt sie, vom zentralen fundservice. aus thailand seien irgendwelche vermoderten sachen gekommen. er hat gefragt, ob er die gleich wegschmeißen solle oder ob wir sie haben wollten. ich habe gesagt, wir wollen sie selbst wegschmeißen.

das ist gut, sage ich. was ist es?

weiß nicht. alles unbrauchbar, stinkig, kaputt, hat er gesagt.

sie lehnt sich an mich. ich umarme sie. schön, dass du da bist, sagt sie.

der zentrale fundservice ist im zweiten stock der semmelweis-klinik untergebracht. die wände des transportaufzugs sind mit jenem gerippten aluminium ausgekleidet, das einmal ein exportschlager der ddr war. durch den jahrzehntelangen transport von krankenbetten sind die einst ockerfarbenen platten nun abgeschabt und verbeult. neben den druckknöpfen klebt ein zettel. die im letzten stockwerk untergebrachte kinderkrippe bittet darum, den aufzug nicht zu blockieren. ich stelle mir kindergärtnerinnen vor, die mit bewusstlosen kindern im arm die treppe hinunterlaufen. in jedem stock sammeln sie sich vor der aufzugstür und rütteln daran, bevor sie weiterlaufen.

im langen, hochgewölbten korridor brennen auch tagsüber die kugellampen. auf einer der türen ist ein schild mit der weithin sichtbaren aufschrift *parteienverkehr* angebracht. ich habe viele menschen erwartet, hier ist jedoch niemand. bloß eine leere sitzbank für drei oder vier personen. dem schild zufolge ist der parteienverkehr noch im gange, und so klopfe ich und öffne die tür. der ehemalige krankensaal wird von zwei schreibtischburgen beherrscht. die eine liegt der tür gegenüber und ist unbewohnt. hinter der anderen sitzt rauchend ein junger, dunkelhaariger mann. ein zweiter mann, mit einem dicken ring im ohr, hat sich auf einem der nebentische niedergelassen. beide blicken zu uns herüber. ich nenne meinen namen und sage, dass wir angerufen wurden.

ja, sagt der mann hinter dem schreibtisch. von den beiden ist offenbar er der hier regulär tätige beamte. ja, sagt er, sie sind also doch gekommen. sie können sich das zeug ja anschauen. und auch mitnehmen, wenn sie es haben wollen.

er dämpft seine zigarette aus und geht zu einem hohen regal. der andere mann verdrückt sich in die ecke beim fenster und blickt hinaus. er wirkt verlegen, so als wäre er nur privat hier und wüsste jetzt, da überraschend kundschaft gekommen ist, nicht recht, was er tun solle. nach einer weile entschlüpft er grußlos durch eine tür in den nebenraum. vielleicht hat er dort seinen schreibtisch.

der für uns zuständige beamte ist freundlich. er bringt eine pappschachtel und stellt sie auf den tisch. auf der schachtel ist in lila farbe ein babybuddha abgebildet, der eine für seine hände viel zu große flasche hält. der buddha hat eine hühnchenfrisur. das bild wird von thailändischen aufschriften umrahmt. auf der schmalseite der schachtel ist ein rotes etikett aufgeklebt, das in englischer sprache verrät, was sie einmal enthalten hat: *sour sauce. healthy boy brand.*

so, sagt der beamte. er klappt die deckel hoch und hält dabei ein wenig distanz. auf die innenseite des oberen deckels hat jemand mit filzstift *austrian* geschrieben. ein fauler geruch strömt heraus. wir treten näher. ediths vermoderte geldbörse ist zu sehen, ein nasser, mit sand durchsetzter pass, zusammengeklatschte flugtickets, ein aufgeweichter gurt. ich ziehe daran. meine kameratasche kommt zum vorschein. sie sieht aus wie ein ausgewrungener socken, den man auf dem weg zur wäscheleine in einer pfütze verloren hat. ich schiebe die flugtickets zur seite. es stinkt. unten liegen die digitalkamera, handys, kreditkarten, ein bund mit verkrusteten schlüsseln. alles nass und mit sand verklebt. offenbar ist der gesamte inhalt unseres abgesoffenen bungalow-tresors nach wien geliefert worden. an der seite des kartons steckt ein kuvert. der beamte zieht es heraus.

ich hab mir das schon angeschaut, sagt er. da ist noch thailändisches geld drin. die nationalbank wird ihnen das wahrscheinlich umtauschen.

ich werfe einen blick in das kuvert. es enthält feuchte,

braunfleckige baht-scheine, die in einer rostigen heftklammer stecken.

den rest können sie dalassen, sagt der beamte.

ich blicke edith an, edith blickt mich an. wir nehmen die schachtel mit, sagt sie.

ist mir auch recht, meint der beamte. dann bestätigen sie mir hier die übernahme. er legt mir ein papier vor. darauf steht, dass die aufgeführten persönlichen gegenstände von kurt sutherland, einem mitarbeiter des britischen konsulats, den österreichischen behörden übergeben worden sind. ich unterschreibe. der beamte legt mir noch ein zweites blatt vor, auf dem in achtunddreißig punkten aufgelistet ist, was die schachtel enthält: reisepässe, filmkassetten, führerscheine, bankkarten. selbst die kundenkarte für jacques weindepot und die lesekarte der universitätsbibliothek leipzig werden genannt. so, sagt der beamte und schreibt auf die liste, fund übernommen am 11.2.2005, und ich unterschreibe.

es gibt da noch ein kuvert, sagt der beamte und geht zum regal. haslinger, elias. gehört der zu ihnen?

das ist unser sohn, sage ich.

er bringt das kuvert. es ist noch verschlossen. der beamte schneidet es mit einer schere auf. er sagt: schau dir das an. da sind sogar noch euro-scheine drinnen.

wir bestätigen auch die übernahme dieses kuverts. es enthält den inhalt des tresors unserer kinder. es ist nur wenig. elias, der sich geweigert hatte, den tresor aufsperren zu lassen, bekam nun sein geld zurück. die weihnachtsbriefe von oma, opa und tante anni hatten wir in unseren tresor gelegt. sie hatten euroscheine enthalten. die euroscheine aus unserem tresor fehlten.

daheim beginne ich die schachtel auszuräumen und den inhalt auf die heizung zu legen. doch der gestank wird so stark, dass ich alles wieder einpacke. es riecht nach moder und kloake. es riecht wie das grüne iowa-t-shirt und die shorts, die an meinem körper eintrockneten.

edith reißt das fenster auf. sie fragt: haben wir eigentlich viel bargeld mitgehabt?

ja, sage ich. ich wollte auf nummer sicher gehen.

man kann es den thailändern nicht verübeln, sagt sie.

nein, sage ich, kann man nicht.

ich bringe die schachtel in mein büro, drehe die heizung auf die höchste stufe und öffne das fenster. auf dem fußboden lege ich druckerpapier auf. dann ziehe ich stück für stück die gegenstände aus der schachtel, schüttle vorsichtig den sand herab und lege sie zum trocknen aus. die durchnässten flugscheine und dokumente lagere ich direkt auf der heizung. in der schachtel ganz unten liegen verkrustete schlüssel und münzen, von denen man nicht sagen kann, ob sie europäisch oder asiatisch sind. sie sehen aus, als kämen sie aus der römerzeit. ich versuche mit einem schraubenzieher den bart eines schlüssels zu reinigen. die kruste ist wie angeschweißt. da kommt mir eine idee. ich fülle einen topf mit essig und werfe alle münzen und schlüssel hinein. nach einer weile rühre ich mit einem schraubenzieher gründlich um und leere das wasser in die toilette. münzen und schlüssel sind nun gereinigt. allerdings haben sie alle eine einheitlich rötliche farbe bekommen. bei den münzen ist zwischen gold und silber nicht mehr zu unterscheiden. ich nehme einen dieser roten schlüssel und probiere ihn an der bürotür. er funktioniert.

am boden der schachtel hat sich sand angesammelt. ich

gehe zur abwasch, stelle die schachtel auf die seitenkante und beginne den sand auszuleeren. er bildet bald in der abwasch einen kleinen, spitzen berg, von dem bröckchen herabkullern. ich nehme eines der bröckchen und zerbrösle es. dann rieche ich an den fingern. im kästchen unter der abwasch finde ich ein leeres marmeladeglas. ich löffle einen teil des sandes hinein. als ich die schachtel weiter ausleeren will, merke ich, dass sich vom boden ein zettel gelöst hat. er ist zusammengefaltet. ich öffne ihn. oben steht *pp princess resort*, darunter *haslinger sosef* (sic!), *edith* sowie die nationalität *austria*. und danach: *valuables*. in fünf punkten werden unsere wertgegenstände aufgelistet, auch die geldscheine in baht und euro. die baht-scheine haben wir in genau der angegebenen menge bekommen.

jetzt erst komme ich auf die idee, die website unseres ehemaligen hotels zu besuchen. die homepage beginnt mit einem langen kondolenzschreiben an alle angehörigen, darin wird auch der wiederaufbau des hotels angekündigt, vielleicht mit ein wenig schlechtem gewissen, denn das schreiben enthält noch folgende formulierung: *anyone who has the knowledge of construction that can resist the tsunami tidal wave or any suggestions for our reconstruction, kindly send to us via our e-mail.*

ein link führt zur gästeliste vom 26. dezember. bei den namen steht entweder *safe at home*, *missing* oder *died*. bei meinem namen steht *safe at home*. das hat alexander osang, wie er mir erzählt hat, gegenüber der hotelleitung klargestellt. bei edith, elias und sophie steht jeweils *missing*. ich schreibe eine mail an die angegebene kontaktadresse. schon eine halbe stunde später bekomme ich antwort. der webmaster bedankt sich. er habe die liste aktualisiert. ich überprüfe das. wir sind nun alle *safe at home*. ich suche claude und emine. bei beiden steht *missing*. ich schreibe noch eine e-mail nach thailand. emine sei im selben boot wie wir nach krabi gefahren, daher wisse ich, dass sie lebe. aber wahrscheinlich hätte sie sich selbst melden müssen. bei ihrem namen bleibt der vermerk *missing*.

auf der website des hotels steht auch, dass die ausgebaggerten safes geöffnet wurden und deren inhalt der britischen botschaft übergeben wurde. ich gehe aus dem netz.

in der abwasch liegt immer noch die schachtel mit dem babybuddha. ich stülpe sie um und klopfe den restlichen sand heraus. dabei macht es klick. eine versteckte münze, denke ich. doch es ist keine münze. es ist eine marienmedaille. meine mutter hat sie mir vor langer zeit gegeben. sie wusste, dass ich sie nicht umhängen würde, und so hat sie mich gebeten, sie in der geldbörse bei mir zu tragen. sie werde mich beschützen. jetzt ist das metall abgesplittert. die schrift am rand ist unlesbar geworden. aber ich weiß, was da stand.

am nächsten tag sind wir bei unseren freunden bigi und helmut eingeladen. bigi arbeitet beim österreichischen rundfunk. ich sage, dass uns mit dem gestank des tresorinhalts auch die bilder wieder eingeholt haben. ich sage, dass die natur zwischen einem menschen und einer kameratasche keinen unterschied macht. ich trinke viel an diesem abend. später frage ich: warum hat derjenige, der sich an unseren euro-scheinen bedient hat, auf die bahtscheine verzichtet, die er doch gleich verwenden hätte können?

weil er nicht in thailand war, sagt bigi.

am vormittag ruft sie mich an. sie sagt: ihr kriegt euer geld wieder.

du machst witze, sage ich.

nein, sagt sie. ich habe beim zentralen fundservice angerufen und gesagt, dass ich in der sache recherchiere, und habe so nebenbei auch erwähnt, dass ich mit euch in kontakt stehe. ich habe dem beamten gesagt, er soll mich anrufen, wenn er über den verbleib eures geldes etwas rauskriegen kann. und jetzt, keine stunde später, hat er schon angerufen. er sagt, es ist da noch ein kuvert aufgetaucht. mit eurem geld.

kurz darauf bekomme auch ich den anruf des beamten. er habe eine gute nachricht für uns. ich sage nicht, dass ich es schon weiß.

als edith von der arbeit heimkommt, fahren wir erneut in die semmelweis-klinik. nun ist auch die zweite schreibtischburg besetzt. dort sitzt eine blondine, die an jedem finger einen ring trägt. mit erstaunlich langen nägeln tippt sie sms in ihr handy. sie kümmert sich nicht um uns. umso mehr kümmert sich unser beamter. er schüttelt uns die hand und sagt ständig: so. er nimmt eine liste zur hand. so, sagt er und führt uns zu einem anderen zimmer, kann es aber nicht aufschließen, muss zurücklaufen, um einen neuen schlüssel zu holen, sagt: so, sperrt auf, nimmt noch einen schlüssel aus der tasche, so, sperrt einen schrank auf, nimmt ein kuvert heraus, ein neues kuvert, ohne aufschrift: so.

ich erwarte mit sand verklebte, fleckige euro-scheine. der beamte sagt: so, und zählt frische banknoten auf den tisch. genau den betrag, der auf der liste stand, die zuunterst in der schachtel lag.

das kann nicht unser geld sein, sage ich. unser geld war im selben tresor wie die anderen sachen.

ein kleiner service, sagt er. ich habe das geld bei der nationalbank gegen neue scheine eintauschen lassen.

sie waren in der nationalbank?

nicht persönlich, sagt er. ich habe eine amtshilfe geschickt.

ich bedanke mich. wir gehen ins andere büro zurück. er legt mir ein blatt vor. so, sagt er. wenn sie das bitte unterzeichnen. auf dem blatt sind fein säuberlich alle geldbeträge aufgelistet, die sich in unseren börsen fanden, getrennt nach baht und euro. ich bitte den beamten, mir alles zu kopieren, was ich unterschrieben habe. er holt die akte von seinem schreibtisch. beim kopieren stellt er sich ungeschickt an. die frau mit den langen fingernägeln schenkt uns nach wie vor keine beachtung. immer noch tippt sie sms in ihr handy. durch das fenster hinter ihr kann ich sehen, dass dichter schneefall eingesetzt hat.

so. der beamte hat die kopien fertiggestellt. ich bedanke mich und werfe einen blick darauf. das blatt, das ich gerade unterschrieben habe, ist nichts anderes als die fortsetzung der liste vom letzten mal. sie enthält außer einer auf den cent genauen auflistung unser barschaft auch noch gegenstände, die sich schon in der babybuddha-schachtel gefunden hatten, die schlüssel zum beispiel. am ende steht: *österreichisches konsulat phuket, 24. januar 2005.*

ich will dem beamten zum abschied die hand geben, doch er hat sich schon in seine schreibtischburg zurückgezogen. auf wiedersehen sage ich. ja, auf wiederschauen, sagt er, ohne uns anzusehen.

die bastiengasse sieht jetzt aus wie die anfahrtsrampe einer sprungschanze. zwei autos sind stehen geblieben, als trauten sie sich nicht hinunter.

in unserem stiegenhaus treffen wir den fleischhauer. er schleppt eine plastikwanne.

tag, herr doktor, sagt er, wollen sie scharfe würstel?

gerne, sage ich.

er stellt die wanne auf den boden und hängt mir einen kranz paprikawürstel über die handschiene. das wird schon wieder, sagt er.

was bin ich schuldig, frage ich.

ist schon recht, herr doktor.

ich bedanke mich.

daheim übergeben wir unseren kindern ein zweites mal die weihnachtsgeschenke von oma, opa und tante anni. so, sage ich, als ich die fünfziger verteile. so, und so, und so. dann lege ich auf jeden schein noch ein würstel drauf.

37

während der arbeit an diesem bericht stieß ich auf eine website, die über das schicksal von emines freund claude auskunft gibt. es dauerte lange, bis sein körper gefunden und von seiner tochter valentine identifiziert werden konnte. auf thaicareyou.com, der allgemeinen such-website für tsunami-opfer in thailand, konnte seine akte erst am 21. mai 2005 geschlossen werden. valentine bedankt sich für die arbeit der freiwilligen helfer, für die kondolenz-schreiben und für die brennende kerze, die auf die website mit dem datenblatt ihres vaters gestellt wurde.

internet-recherchen zu emine ergaben, dass sie nach unserer trennung offenbar nach phuket gebracht und dort im krankenhaus behandelt worden war. dann verliert sich ihre spur. emine wurde am 8. august 2005 von thaihaynes.com, der zentralen auflistung von tsunami-opfern in thailand, immer noch als vermisst gemeldet. das überraschte mich, und ich unternahm mehrere versuche, mit ihr in kontakt zu treten, die alle misslangen. bis ich ein jahr später, am 6. august 2006, auf eine website stieß, aus der hervorging, dass sie an einem 145-kilometer-lauf für frauen teilgenommen und den elften platz belegt hatte.